全民阅读体育知识读本

链球、标枪

——彩练当空舞

盛文林/著

台海出版社

图书在版编目（CIP）数据

链球、标枪：彩练当空舞／盛文林著. － － 北京：
台海出版社，2014.7

（全民阅读体育知识读本）

ISBN 978 － 7 － 5168 － 0442 － 1

Ⅰ.①链… Ⅱ.①盛… Ⅲ.①链球投掷 – 基本知识
②标枪投掷 – 基本知识 Ⅳ.①G824

中国版本图书馆 CIP 数据核字（2014）第 174941 号

链球、标枪：彩练当空舞

著　　者：盛文林

责任编辑：戴　晨	装帧设计：视界创意
版式设计：林　兰	责任印制：蔡　旭

出版发行：台海出版社

地　　址：北京市朝阳区劲松南路 1 号　　邮政编码：100021

电　　话：010 － 64041652（发行，邮购）

传　　真：010 － 84045799（总编室）

网　　址：www. taimeng. org. cn∕thcbs∕default. htm

E － mail：thcbs@ 126. com

经　　销：全国各地新华书店

印　　刷：北京一鑫印务有限公司

本书如有破损、缺页、装订错误，请与本社联系调换

开　　本：655×960	1∕16	
字　　数：130 千字	印　　张：12	
版　　次：2014 年 10 月第 1 版	印　　次：2021年 6 月第 3 次印刷	
书　　号：ISBN 978 － 7 － 5168 － 0442 － 1		

定　　价：29. 60 元

前　言

　　链球是唯一以双手进行投掷的田径项目，最初是在中世纪的英格兰由打铁的铁锤演变而来。链球的英语原意即是铁锤。19世纪后期，链球成为英国牛津大学和剑桥大学运动会的比赛项目。1900年在第二届奥林匹克运动会上，掷链球开始被列为比赛项目。掷链球的运动员最初都是些身高力大的人，随着运动技术的不断完善和训练方法的改进，近些年在国际上已有一些国家开展了女子链球运动，并且发展很快，1998年女子链球被正式列为奥运会比赛项目。

　　标枪是田径运动项目之一，它起源于古代人类用长矛猎取野兽的活动，后长矛又发展成为作战的兵器。公元前708年被列为第18届古代奥运会五项全能之一。现代标枪运动始于19世纪的瑞典、希腊、匈牙利和芬兰等欧洲国家。1792年瑞典的法隆开始举行标枪比赛。男子标枪和女子标枪分别于1908年和1932年被列为现代奥运会比赛项目。1960年列为奥运会正式比赛项目。

　　随着各类体育竞赛在世界各地如火如荼地进行，随着我国体育事业的日益发展，青少年朋友了解一些体育知识是有必要的。为此我们组织编写了这套"青少年魅力体育入门指导丛书"，《彩练当空舞——链球、标枪》作为丛书中的一本，分为链球运动与标枪运动两个项目，每个项目分别从项目起源、历史发展、竞赛规则、场地设施、项目术语、战术技术、裁判标准、赛事组织、礼仪规范、明星花絮、历史档案等方面进行简明扼要的介绍，力求使青少年朋友对这两种体育项目有一个比较全面而客观的了解，从而激发对体育运动的兴趣，乐于参与。

　　由于编者水平有限，错误不当之处在所难免，敬请青少年朋友谅解并指正。

目　录

PART 1 项目起源

链球运动的起源

掷链球是一个非常古老的运动项目，链球是由打铁的铁锤演变而来，可以追溯到公元前 2000 年在爱尔兰塔拉举行的塔伊挺运动会。链球的英语词意即铁锤。

据英国历史学家约瑟夫·斯特拉特的记载：许多传奇作家经常提到投掷铁棒是古代勇士教育的组成部分，16 世纪的一位诗人认为，作为一种体育锻炼手段，"投掷石块、铁棒或铁锤的活动，在王公贵族中很受推崇……他们也掷长柄大锤来锻炼身体"等等。

另一种说法认为，掷链球是出自苏格兰和爱尔兰，农民在集市贸易期间，将装有木柄的秤砣作投掷比赛，

掷链球

铁匠和矿工们也用带木柄的铁锤进行掷远比赛。以后，这种比赛活动逐渐在苏格兰、爱尔兰的矿工和山民中流行起来。

到 19 世纪后期，英国牛津大学和剑桥大学的学生把掷链球列为正式比赛项目，1873 年牛津大学学生福儒恩首次把链球掷出 36.56 米，次年剑桥大学的学生汉恩又掷到 42.05 米。那时的链球重 16 磅，投掷方法是双手握锤柄，旋转 5 圈后掷出，无方向限制。

牛津大学

1886 年在伦敦田径俱乐部举行的一次冠军赛上，爱尔兰人米切尔以 110 英尺 4 英寸的成绩夺得冠军。投掷圈直径 7 英尺，即 2.135 米，1887 年投掷圈直径由 7 英尺扩大为 9 英尺，规定链球的链子为带把手的钢丝，总长度 1.22 米，而且链球体也逐渐缩小。为使球落地后能继续滚动不致嵌入土中。采用圆形球体代替了有棱角的锤体。

标枪运动的起源

在美洲、亚马逊河流域的狩猎民族现在仍用标枪来捕猎动物，标枪从与人类生活紧密联系的工具，逐渐发展成为战争的武器。由于人类所固有的"竞争意识"、"自身能力尝试"的本能，竞争使标枪投掷成为体育运动比赛项目之一。

标枪是古希腊奥运会五项运动的项目之一，并被作家写入荷马史诗。当时的标枪是在把手处，即标枪重心的地方，缠绕上被称为"索库"的皮环，通过食指和中指把标枪掷出。

在中世纪标枪投掷一般是投向固定目标，到19世纪后半期，匈牙利人、德国人采用了比赛投掷距离的方法，后为斯堪的纳维亚人所推广。现代标枪枪体的规定，也是根据斯堪的纳维亚人最初的设计确定的。

PART 2 历史发展

链球运动的历史发展

世界男子链球运动的发展

技术与竞赛规则的形成阶段

20 世纪初叶至 20 世纪 30 年代，是掷链球技术与竞赛规则的形成阶段。

1900 年第 2 届奥运会，掷链球被列入正式比赛项目。同时规定掷链球必须在 7 英尺（2.135 米）直径的圆圈内投掷，链球落地的有效区为 90 度角的扇形区域，球重 7.257 千克。以后由于掷链球技术的发展，比赛规则和链球的构造规格也多次改变。现在链球的全重是 7.26 千克，全长（自把手内沿起）122 厘米，落点有效区为 34.92 度角的扇形区。

从 1890 年到 1920 年间，掷链球项目一直被美籍爱尔兰人约翰·弗拉纳根、马·迈克格里斯、帕·瑞安等人统治着。其中最出色的是弗拉纳根，他 14 次改写世界纪录，创造的最高世界纪录为 56.18 米，并连续获得第 2 至 4 届奥运会冠军。马·迈克格里斯获第 5 届奥运会冠军，并创造过 57.16 米的链球世界纪录。

帕·瑞安于 1913 年创造了第一个被世界公认的世界纪录，成绩是 57.77 米，这一纪录一直保持了 25 年。他还获得过第 7 届奥运会冠军。

早期世界各国参加链球比赛的都是身高体重的运动员，投掷技术简单，大多数运动员用原地抡摆或以左脚前脚掌为轴旋转 1~2 周后掷球出手，旋转速度缓慢，超越器械动作也不明显。当时人们称这种以前脚掌为轴旋转投掷为"脚尖旋转技术"。用这种旋转方法，需要两脚瞬时离地做空中跳转动作，身体不易平衡，不能保证身体沿直线向投掷圈前沿运动，而且旋转常常犯规，难以控制链球飞行的方向，给周围的运动员和观众带来很大的危险。

1920 年以后，运动员开始采用 3 圈旋转技术，当时美国出现了一位著名的链球运动员弗·图特尔，他以快速的旋转和投掷时强大的爆发力完善了"脚尖旋转"技术，采用 3 圈旋转后形成了一个超越器械动作，并保持了一个强有力的最后用力姿势。他的最好投掷成绩是 59.44 米，但由于他是职业运动员，成绩未被承认为世界纪录。

20 世纪 30 年代初，德国教练员塞·克里斯曼根据力学原理和人体运动的特点，研究了投掷球的电影图片后指出：第一，为了很好地维持平衡和控制身体，在每一圈旋转中左脚必须和地面保持牢固的接触。要做到这一点，起转应从左脚跟外侧开始向左脚外侧转动过渡到脚掌转动，继而再过渡到左脚跟转动，这样可使左脚转动沿直线向圈前运动。第二，手臂在胸部正前方伸直而放松地拉住链球旋转，这样可以保持较大的旋转半径，有益于能力的充分发挥。第三，运动员由圈后转到圈前时，动作轻松连贯，链球保持不断的加速运动，可创造好成绩。

塞·克里斯曼的研究结果，结束了链球史上脚尖旋转技术，被认为是一个划时代的技术变革，推动了掷链球运动的发展。他的学生卡·海因和埃·布拉斯克运用这种新技术在 1936 年第 11 届奥运会上分别获得冠、亚军。埃·布拉斯克于 1938 年创造了 59 米的世界纪录，并保持了 10 年之久。

技术与成绩的快速提高阶段

20 世纪 40～60 年代，是掷链球技术与成绩的快速提高阶段。

1948～1968 年的 20 年间，掷链球运动的最好成绩基本由匈牙利、挪威、苏联和美国运动员所创造。

1948 年，匈牙利运动员伊·内迈特以新的快速旋转技术动作获得第 14 届奥运会冠军，并在两年的时间里，连续 3 次创造掷链球世界纪录，其最好成绩是 59.88 米。1952 年，也是匈牙利选手约·切尔马克在第 15 届奥运会上以 60.34 米的成绩获得冠军，并创造世界纪录，成为世界上第一个将链球掷过 60 米的运动员。由于掷链球技术的发展和专项训练及全面身体训练水平的提高，掷链球运动在 50 年代发展较快，特别是在亚洲，更为突出。

链球运动

从 1958 年以后，对掷链球技术改进和成绩提高作出最大贡献的是苏联人米·克里沃诺索夫和美国的哈·康诺利两人，他们先后 12 次（每人 6 次）创造掷链球世界纪录。康诺利还于 1956 年获第 16 届奥运会冠军，并于 1960 年将掷链球突破 70 米大关，1965 年成绩达到 71.26 米。

此后，匈牙利运动员久·日沃茨基先后两次创造世界纪录，最好成绩达73.36米。他获得第17和第18届奥运会亚军、第19届奥运会冠军。1969年苏联运动员罗·克里姆和安·邦达丘克先后3次刷新世界纪录。克里姆的最好成绩是74.52米，获第18届奥运会和第19届奥运会亚军。邦达丘克的最好成绩是75.48米，获第20届奥运会冠军和第21届奥运会第3名。

在这一时期，链球运动员采用了大量的杠铃训练，力量普遍增大。如康诺利的最大深蹲力量达260千克，提拉320千克，抓举杠铃在120～130千克以上。此外，他们还采用了投掷加重器械的方法。在技术方面，则主要采用3圈旋转技术。康诺利在后期曾试用旋转4圈的投掷技术。

技术与成绩的稳定发展阶段

20世纪70年代至今，是掷链球技术与成绩的稳定发展阶段。

1970～1986年的16年间，掷链球运动在世界形成一个高水平发展阶段。这时期有8人19次创造链球世界纪录，呈高水平持续发展的趋势。

掷链球的基本技术有了许多改进，其中最为显著的是一直被公认为主流的旋转3圈投掷法被旋转4圈投掷所代替。因为采用旋转4圈投掷，可加长对链球的作用时间，从而提高链球的出手速度。同时，在投掷链球技术上也有明显改进，表现在：第一，链球和投掷者之间的关系。第二，脚的位置和两脚的动作技巧。第三，投掷出手时的姿势。

由于以上技术变化，掷链球成绩得以不断提高。德国运动员沃·施密特两创世界纪录，最好成绩是79.30米；雷姆4次创造掷链球世界纪录，获得过第23届奥运会亚军，他的最好成绩是80.32米。1978年苏联运动员鲍·扎伊丘克以 80.14 米的成绩创世界纪录，成为世界上第一个超过 80 米的人。

此后表现最为出色的运动员是苏联的运动员尤·谢迪赫和谢·利特维诺夫，他们二人在 5 年中 9 次交替创造掷链球世界纪录，其中谢迪赫 6 次创世界纪录，利特维诺夫 3 次创造世界纪录。利特维诺夫 1983 年投出 84.14 米，1984 年 7 月 3 日他又创造了 85.14 米的新世界纪录。此纪录同日被谢迪赫以 86.34 米的成绩打破。谢迪赫又于 1986 年 6 月创造出了 86.66 米的世界纪录，并于同年 8 月在斯图加特再次创造了 86.74 米的世界纪录。谢迪赫曾获第 21 届和 22 届奥运会冠军、第 24 届奥运会亚军，利特维诺夫曾获第 22 届奥运会亚军、第 24 届奥运会冠军。

尤·谢迪赫

从 20 世纪 70 年代以后，掷链球高水平成绩持续增长的主要原因是训练更加专项化，掷链球技术的变革更趋向快速旋转，技术更加合理，运动员协调动作的能力不断提高。可以说，4 圈旋转已取代了 3 圈旋转技术，一种右脚晚抬起早落地的旋转技术也被广大运动员所采用，这对当代链球运动水平的提高起到了重要的作用。

掷链球在我国开展较晚，1910 年旧中国在上海举行的第 1 届运动会上设有掷链球项目比赛，上海南洋公学的选手黄灏获得冠军，成绩是 111 英尺 5 英寸（约 34 米），由于球重只有 12 磅，此后一些年未进行过掷链球比赛，因此，旧中国没有留下掷链球的正式纪录。

新中国成立后，1954 年中央体育学院研究生王宏以 29.92 米的成绩创我国第一个链球纪录。1956～1966 年掷链球成绩在我国提高较快，1957 年山东运动员毕鸿福以 50.68 米创新的全国纪录。1963 年解放军运动员李云彪以 62.23 米的成绩再创全国新纪录，此成绩距当时的世界纪录差 7.47 米。到 1966 年全国参加掷链球训练和比赛的运动员 20 多人，较新中国成立时的七八人有了较大的增加，但是普及的面仍较小，使其发展受到一定影响。

1967～1972 年由于众所周知的原因，掷链球运动处于停滞状态。1973 年后，掷链球训练又重新恢复并发展起来。1976 年，解放军运动员纪绍明以 63.96 米的成绩创全国纪录。随后有纪绍明、胡刚、谢英琪等先后多次创全国纪录，推动了我国链球运动水平的发展。

到 1986 年，江西运动员罗军以 70.08 米的成绩创全国纪录，使我国的链球成绩首次突破 70 米大关。随后解放军队的谢英琪和黑龙江运动员于光明先后以 71.08 米和 71.32 米的成绩创全国纪录。1988 年后，后起之秀江西省的年轻选手毕忠 6 创全国纪录，将链球掷到 77.04 米，并创亚洲最高纪录。目前，我国只有少数的几个省、市及单位设有链球项目，从事训练的人数很少，尤其是在青少年中开展得更差。我国男子链球运动成绩与世界水平相比仍存在较大差距。

世界女子链球运动的发展

在 20 世纪 80 年代后期，在一些国家中已有人开始进行女子掷链球的训练和比赛，但是正式得到承认的世界纪录是在 1994 年。俄罗斯选手库岑科娃于 1994 年 2 月创造了 66.84 米的女子掷链球世界纪录，1995 年 6 月她又将世界纪录提高到 68.16 米。但此后的世界纪录基本上由罗马尼亚选手梅林特所垄断，1996 年 5 月梅林特在克罗日将女子掷链球的世界纪录提高到 69.42 米，这一纪录保持了将近两年，在 1998

年 7 月她又将链球掷过 70 米，创造出 73.14 米的世界新纪录。1999 年，塞利亚田径世界锦标赛上，女子链球成为正式比赛项目，获得冠军的梅林特，成绩达到了 75.20 米，当年，梅林特又将女子掷链球的世界纪录提高到 76.07 米。

库岑科娃

女子掷链球比赛首次进入的奥运会是 2000 年 9 月在悉尼举行的第 27 届奥运会，波兰运动员斯科利莫斯卡以 71.16 米的成绩夺得第 1 名，成为奥运史上第一位女子掷链球比赛的冠军。2004 年雅典奥运会上，俄罗斯姑娘库津科娃以 75.02 米的成绩荣获冠军，在 2008 年北京举行的第 29 届奥运会中，来自白俄罗斯的米安科娃将链球掷到 76.34 米的远度。从世界女子掷链球运动的短短十几年时间中可以看出，这个项目开展得虽然较晚，但它的发展速度却较快，运动成绩的提高幅度较大。截至 2011 年，女子链球的世界纪录是由德国运动员创造的，成绩为 79.42 米。女子链球已开始向 80 米大关冲击了。

我国女子掷链球的开展也较晚。1998 年 4 月在上海举行的田径大奖赛上，女子掷链球被列入比赛项目，陕西运动员顾原以 56.36 米的成绩获得冠军，仅在两个月后的全国青年锦标赛上，她又以 61.42 米的成绩打破了日本选手保持的 61.20 米的亚洲纪录，成为我国第一位突破 60 米大关的女子链球运动员。在 1998 年 7 月日本福冈举行的亚洲田径锦标赛上，顾原又以 61.86 米的成绩创造了新的全国和亚洲纪录，并夺得金牌，成为我国第一个女子链球亚洲冠军。她还先后 5 次破了亚洲纪录。此后，赵巍以 63.20 米的成绩获女子链球冠军，并刷新了由自己保持的亚洲纪录。继顾原、赵巍之后，重庆姑娘刘瑛慧也不示弱，以 63.75 米的成绩夺冠并创造了新的全国和亚洲女子掷链球纪录。

2000 年 5 月，赵巍投出 65.70 米的好成绩，创造了新的全国和亚洲纪录。2001 年 5 月，解放军选手张文秀以 66.30 米的成绩打破了赵巍的全国和亚洲纪录。2001 年 11 月在广州举行的第 9 届全运会上，女子掷链球项目首次被列入比赛，顾原以 66.97 米的成绩夺得第一个全运会冠军。她在 2002 年 8 月举行的亚洲田径锦标赛上，以 71.10 米的成绩夺冠，并创亚洲新纪录。同年在西班牙马德里举行的第 9 届世界杯田径赛上，她又击败库津科娃获得女子链球冠军，这个胜利当时让人们对中国女子链球的发展充满信心。

2003 年顾原在上海投出 72.03 米，次年 7 月，她又投出了 72.36 米的个人最好成绩。2004 年以后，来自八一队的张文秀表现更为抢眼，她在雅典奥运会上夺得第 7 名，创中国女子链球在奥运会上的最佳名次。2005 年 6 月，她在长沙的全国比赛中，又以 73.24 米的成绩夺标。2006 年亚运会上，她投出了 74.15 米，2007 年又创造了 74.86 米的个人最好成绩。在 2008 年北京举行的第 29 届奥运会上，张文秀以 74.32 米的成绩获得铜牌。2011 年 6 月，张文秀在德国弗兰基斯奇·克鲁姆巴奇举行的田径赛中投出 75.65 米的好成绩，再次打破了由她保持的亚洲纪录和全国纪录，获得一枚银牌。接着在韩国大邱举行的世界田径锦

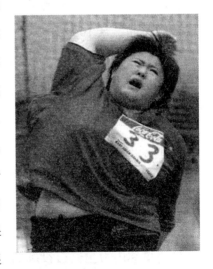

赵巍在比赛中

标赛上，又以 75.03 米的成绩获得铜牌。我国女子链球项目进入世界先进行列。

链球投掷技术的发展

1890 年以前，链球投掷技术没有一个公认和统一的规范，是自由投掷阶段；1890～1920 年，链球运动员采用的都是左脚尖旋转技术。20 世纪 30 年代初期，德国教练员塞·克里斯曼根据力学原理和人体运动的特点，利用电影技术对掷链球技术进行分析后，提出掷链球的合理技术应为左脚跟旋转技术，即先以左脚跟外侧为轴进行转动，尔后再过渡到脚掌转动，同时他还提出了运动员在体前拉住链球进行旋转的方法，此种技术方式已经具备了现代掷链球技术的雏形。这样的旋转方式可以保持左脚在地面牢固地支撑，从而可以很好地维持身体平衡并对身体进行有效的控制，它淘汰了脚尖旋转技术，对掷链球技术的发展起到了重大的作用，可以说是掷链球技术发展史上的一次较大进步，使得旋转轴的支撑点以滚动的方式进行，减少了地面的阻力，使旋转速度的加快成为可能。从 1970 年开始，大多数运动员采用了 4 圈旋转技术，加长了对链球的作用距离和时间。

20 世纪 70 年代，萨姆茨维托夫对掷链球技术进行了研究后，对提高链球在运动员双支撑阶段运行的角度和提高旋转的效率起到了决定性的作用。谢迪赫最早采用了此技术，创造了 86.74 米的世界纪录。

这种技术延长了对链球加速的有效距离，使链球投掷技术趋向于更加合理。

链球运动员最初都是身材高大且力量很强的人，因为早期大多数运动员是单纯用力量进行投掷的，当时的技术特点是把链球拖在身后，以形成较大程度的超越，为最后用力创造条件，但这样也影响了运动员旋转速度的进一步加快。后来，随着体育科学的发展、运动技术的不断完善和训练方法的改进，以及对掷链球技术实质理解的加深，掷链球技术开始向加快旋转速度方向发展。此时的技术特点是以加快旋转速度为主要目标，运动员始终使链球处于体前，淡化了最后用力的概念。

1920 年以后，运动员开始采用 3 圈旋转技术，随后又出现了 4 圈旋转技术。目前，掷链球技术有 3 圈技术、4 圈技术之分。3 圈技术适合于加速能力强的、节奏性强的运动员，通过 3 圈旋转就可以使链球达到最高速度。4 圈技术适合于在 3 圈内不能达到最高旋转速度的运动员，4 圈的技术更有利于发挥其自身的能力和速度。

近年来，尽管链球投掷技术有了很大的改进，但投掷链球的相关原理却并未改变，即决定链球飞行远度的基本因素还是链球出手时的初速度、出手角度和出手高度。

标枪运动的历史发展

旧规格标枪运动的历史发展

19 世纪末，用左手和右手掷枪成为一般性的比赛方法，北欧更盛行这种方法。在 1912 年的斯德哥尔摩奥运会上，IAAF（国际田联）确认了挥臂投掷标枪的方法。1917 年在瑞典创下的世界纪录为 114.28 米（右手 61.81 米，左手 52.47 米）。

1896 年第 1 届近代奥运会是在雅典举行的，但没有设标枪比赛，直到 1908 年伦敦奥运会标枪才成为正式比赛项目。

在此之前，1906 年在雅典的奥林匹克"中间年"大会上，投标枪采用"自由式"比赛方式，1908 年分为"自由式"和"现代式"两种比赛方式。

奥运会最初的标枪冠军，保持世界纪录 10 年以上的莱明古（瑞典）取得 54.825 米（自由式 54.425 米）的最高成绩。

在近代奥运史上，除墨尔本奥运会外，芬兰几乎每届都有运动员进入前 3 名，1920

标枪群雕

年的安特卫普、1932 年的洛杉矶奥运会更是独占鳌头。这是因为从 1900 年年初，标枪就成为芬兰的国技而深受人民的喜爱，并为年轻人而引进了轻重量枪，到 1930 年芬兰已培养出众多的投掷运动员。经过安特卫普、巴黎奥运会蝉联两届冠军的米拉，10 次刷新世界纪录的雅尔维宁、尼卡宁的努力，将世界纪录提高到 78.70 米。可以说，无论是运动成绩还是技术水平，芬兰都是世界一流的，是标枪运动的先驱。第二次世界大战后，在 1948 年的伦敦奥运会乌拉达巴乌以 69.77 米取得优胜之后，芬兰的领先地位渐渐向别的国家转移。于是在 1953 年，美国运动员赫尔德以自己先进的新型标枪，突破 80 米大关（80.41 米）。

虽说标枪纪录突破了 80 米，但赫尔德的新型标枪也遭到了禁用。随着对标枪规格的讨论，该项运动的主导权逐渐转移到美国和意大利，最终在 11 年内突破 90 米。这是在 1964 年东京奥运会上，由挪威运动员佩德森实现的。遗憾的是，在佩德森投出 91.72 之际，由于背部疼痛，结果连预选赛也未能通过。最后，芬兰的奈巴乌以 82.66 米取得冠军，这是自伦敦奥运会之后16年芬兰重新获得的标枪金牌。

1968年墨西哥奥运会冠军鲁西斯（苏联）曾两次创造世界纪录，9次获得年度世界排名第一，是那个时期成绩显著的运动员之一。

1976年蒙特利尔奥运会，内迈特（匈牙利）在最后一投中创造出94.58米的世界新纪录；1980年帕拉吉（匈牙利）创造96.72米的世界纪录，这两位匈牙利运动员都采用旋转投掷技术，引起了全世界的关注。

1983年皮特拉诺夫（美国）以99.72米的新成绩迫近100米，1984年霍恩（民主德国）把纪录提高到104.80米，这个成绩在当时被被誉为"领先10年的纪录"。由于这一投所产生的危险性，使国际田联决定修改标枪规格，于是从1986年开始使用新枪（关于标枪规格变更后的世界纪录，后面有说明）。

近代第1届女子田径比赛于1895年在美国的巴克学院举行，现在还保留当时的比赛纪录。但把女子标枪作为比赛项目的大赛，除有记载表明，在1921年摩纳哥举行的11个项目比赛中包括标枪外，正式的比赛成绩是

标枪雕塑

1922年首届女子世界运动会比安茨奥拉（瑞士）投出的43.24米。

女子标枪作为奥运会正式比赛项目是1932年洛杉矶奥运会，美国运动员迪德里克森以43.86米获胜，并夺得80米栏冠军。从50年代到1964年东京奥运会，苏联在女子标枪比赛中占据优势，有5名运动员屡屡刷新世界纪录和获得奥运会的优胜。首次突破60米大关的奥佐琳

娜在东京奥运会之前投出 61.38 米的成绩。

遗憾的是冠军为罗马尼亚运动员佩纳斯以 61.54 米所得，苏联只获得第 3、4、5 名。

进入 70 年代，民主德国运动员富克斯技压群芳，她 6 次刷新世界纪录，2 次获得奥运会冠军（慕尼黑、蒙特利尔），以 69.96 米的最好成绩迫近 70 米大关。

标枪成绩突破 70 米是在 1980 年由苏联一位不甚知名的运动员比留琳娜创造的，但在那年莫斯科奥运会上，她只获得第 6 名。

为实现从 70 米到 80 米的突破，人们都把希望寄托在 1983 年第 1 届世界田径锦标赛上反败为胜的芬兰选手莉拉克（74.76 米）和曾投出 77.44 米成绩的英国选手惠特布莱德身上，但最终是民主德国选手费尔克在 1988 年投出了 80.00 米的最高纪录，那年她在汉城奥运会也取得冠军。在巴塞罗那奥运会上，民主德国运动员莱恩克替代了体力下降的同伴玛雅（即费尔克），并在第 6 次试投以 8 厘米之差战胜了苏联选手尤琳科，成绩为 68.34 米。

投掷技术和标枪的变迁史

到 1984 年，旧规格的标枪突破 100 米大约用了 100 年，世界纪录提高了将近 70 米，这与技术和训练手段的进步、设施（助跑道、练习器材等）的条件以及标枪的制作材料、空气力学的改善有很大关系。

现在使用的标枪是由铝、钢等合金材料制成，并根据科学实验的结果（如风洞实验、音速范围内的实验以及发射器发射实验）所证实的数据制成标枪的形状。

据一项有趣的报道表明，用 1936 年制作的木枪投了 77.23 米世界纪录的雅尔维宁（芬兰），如果用现在（1985 年）的标枪投掷的话，预计会投到 92.23 米。

最初几届现代奥运会标枪比赛使用的是木制枪，当时采用的投掷步中交叉步是右脚在左脚的后面，用右手投掷，称之为后交叉步。为了有效利用助跑速度，首先采用前交叉步的是 1919 年创

现在使用的标枪是由铝、钢等合金材料制成

世界纪录的芬兰运动员米拉，而且随着另一位芬兰选手雅尔维宁也采用动作流畅的芬兰式前交叉步，使得这种投掷步成为标枪技术的主流。同时，标枪助跑时的肩下携枪技术，也逐渐向肩上携枪技术转变。

在美国，由于棒球和其他投掷类项目（如美式足球）较盛行，所以不少运动员是在进入大学后才练习标枪。因此，多采取容易掌握的跳动式投掷步，即在助跑之后，利用右腿的跳动进行转体和投枪。但这种

运动员投掷标枪风采

方法对助跑速度影响甚大，美国也就渐渐吸收了芬兰式技术。结果，在 1952 年赫尔辛基奥运会上塞勒斯·扬和米拉分获冠、亚军。

值得一提的是赫尔德在接受父兄的建议后，根据标枪枪体能够滑行的特点，对标枪做了部分改进，设计出一种新型枪，并于 1953 年投出 80.41 米的新纪录。这种新型枪是把原先枪体尾部重的结构设计成头重但尾部轻细，这样一来，枪

在飞行时由直线下落变成水平滑行再落地。

然而，国际田联对后来标枪制造者效仿这种枪体的设计采取了禁止的措施，对标枪的重量、重心的位置、长度、直径等都做了具体和明确的规则规定。赫尔德最初创造的纪录得到了承认，后来在1955年他不用自己设计的枪又创造了新纪录，证实了他技术的高超。

这个时期制作标枪所用的材料，一是采用传统的芬兰木制成的木标枪；一是瑞典制作的金属枪。今后发展的趋势，就软性材料和金属材料相比，震动停止快的木制枪似乎更适合于投掷。

经过以使用木制枪为主流的时代，从东京奥运会开始，日本的尼西公司也生产铝合金枪，对金属材料的使用已成为世界性的关注。1968年墨西哥奥运会瑞典的山道比次库公司把钢制标枪公之于世，直到现在这种枪仍为世界高水平标枪运动员所喜爱。

各种标枪

关于技术方面，前述芬兰式技术已成为世界标枪技术的主流。在不使助跑速度下降的情况下，平滑交叉步的变化有从一个交叉步向两个交叉步发展的趋势，其中存在两例颇有趣味的投法。

其一，1956年墨尔本奥运会举行之前，西班牙巴斯克地区的弗埃利斯·埃拉乌兹金采用一种旋转式投枪技术。这种手上涂抹易滑的肥皂水，握住标枪的中间部分进行旋转的投法，虽被称之为"标枪投掷技术的大革命"，但由于考虑到投掷中方向性和安全性方面的原因，国际田联作出禁止这种投法的决定，在田径规则中包含了"除被国际田联承认的姿势外，其他技术是被禁止的"一节。

其二，1959年以10米的幅度将自己的世界纪录提高到86.04米的坎特洛（美国）的俯冲投枪方法。如果说助跑道是草坪或松土等安全地面这种技术或许有可能，但现在都是全天候的塑胶跑道，这种技术的难度就太大了。不过，这种不减速情况下的出手技术，正是我们对标枪技术要研究的重要课题。

1968年墨西哥奥运会举行之际，发生了世界性的田径场地向全天候塑胶场地的变化。对于标枪投掷来讲，效率高的枪能够提高速度和力量，也就是说，必须加强标枪技术和对枪体自身的改良，这样在不久的将来，新规格的标枪也许能投到100米。

为减小男子标枪的滑翔能力，1986年国际田联将标枪重心前移4厘米。男女标枪的后部加粗，改变了表面的均衡，使枪易于插向地面。这样一来，1986年排序第一的成绩与1985年第一位96.96米的成绩相比，缩短了11.22米，1985年前与1987年后的平均成绩比较约有5% ~ 10%的差距。

然而，随着标枪的不断改良以及技术对新规格标枪的适应，世界纪录在1991年再度提高到96.96米，又有突破100米的可能。于是国际田联再次采取禁止使用滑翔力过强的标枪和取消世界纪录的措施。

女子标枪形态的变更对成绩的影响不很显著，只是大多数运动员投枪的空中滑翔距离减小了。

PART 3 竞赛规则

链球运动的竞赛规则

比赛执行以下规则：

（1）运动员超过 8 人，先进行 3 次预赛，然后取成绩前 8 名运动员再进行 3 次决赛，以成绩决定名次。如第 8 名有若干成绩相同者，均追加 3 次试投。

（2）投掷必须在投掷圈内，从静止状态开始。投掷前，链球球体可放在圈内，也可在圈外。运动员可触及投掷圈内缘。

（3）运动员预摆和旋转时，链球触及地面不判犯规。但触及地面之后终止投掷动作，视为 1 次无效试投。

（4）运动员开始投掷后，身体任何部分触及投掷圈上缘或投掷圈外地面、链球脱手，此次投掷视为无效。运动员中断投掷重新从静止状态开始试投之前，可以出圈，此时链球可以放下或手持。

（5）链球在投掷中或飞行中损坏，如属正常投掷则不计作 1 次试投。即使运动员因此而身体失去平衡导致犯规，也不认为是 1 次试投。

（6）投掷后链球必须落在投掷区内投掷线内侧方为有效。

（7）运动员在链球未落地前不能出投掷圈，落地后也要从投掷圈两侧白线之后出圈。

标枪运动的竞赛规则

参赛办法

（1）抽签决定运动员试掷顺序。

（2）运动员超过8人时，应允许每人试掷3次，成绩最好的前8名运动员可再试掷3次，试掷顺序与排名相反；比赛人数为8人或少于8人时，每人均可试掷6次。

（3）比赛开始前，运动员可在比赛场地练习试掷，练习时应按抽签排定的顺序进行，并始终处于裁判员的监督之下。

（4）比赛开始后，运动员不得持器械练习，不得在投掷圈或落地区以内地面练习试掷。

比赛方法

（1）掷标枪时应握在把手处，从肩部或投掷臂上臂的上方掷出，不得抛甩，不得采用非传统姿势进行投掷。

（2）只有枪尖先于标枪的其他部位触地，试掷方为有效。

（3）运动员试掷时，在标枪出手以前，身体不得完全转向背对投掷弧。

（4）不允许使用任何装置对投掷时的运动员进行任何帮助（例如

使用带子将两个或更多的手指绑在一起）。除开放性损伤需要包扎以外，不许在手上使用绷带或胶布。不允许使用手套。

（5）为了能更好地持握器械，运动员可以使用某种物质，但仅限于双手。

（6）为防止脊柱受伤，运动员腰间可系一条皮带或其他适宜材料制成的带子。

（7）运动员开始试掷后，身体的任何部位触及投掷弧、助跑道标志线和助跑道以外地面，或在试掷时标枪出手不符合规定的，均判为试掷失败。

（8）如果标枪在试掷时或在空中飞行时折断，不应判为试掷失败，可重新进行一次试掷。如果运动员因此失去平衡而犯规，也不应判作试掷失败。

（9）标枪枪尖必须完全落在落地区角度线内沿以内，试掷方为有效。

（10）每次有效试掷后，应立即测量成绩，枪尖的最先触地点取直线量至投掷弧内沿，测量线通过圆心。

（11）标枪落地后，运动员方可离开助跑道。运动员必须在助跑道两侧平行线或完全在投掷弧及两端延长线的外侧离开。

（12）掷完标枪后，必须将器械运回投掷区，不得掷回。

（13）应以运动员最好的一次试掷成绩（包括因第一名成绩相等而进行的决名次赛的试掷成绩）作为其最后的决定成绩。

PART 4 场地设施

链球运动的场地设施

赛用链球

链球由三部分组成，即金属球体、一条链子和一个把手。

球体：用固体的铁和硬度不低于铜的其他金属制成链球球体，或用此类金属制成外壳，中心灌以铅或其他固体材料。

链球球体

如果使用填充物，则应使其不能移动，球体重心至中心的距离不大于6毫米。

链子：用直而有弹性、不易折断的单根钢丝制成。钢丝直径不小于3毫米，即11号标准钢丝。投掷时链子无明显延长，钢丝的一端或两端可弯成环状以便于连接。

把手：把手必须质地坚硬，没有任何种类的铰链连接。投掷时不得有显著延长。当3.8千牛顿拉伸负荷时，把手的形变程度不超过3毫米。

把手与链子的连接必须做到把手在链环中转动时，链球的总长度不得增加。

把手应为对称设计，抓握处可为圆弧形或直线，内径最长为 110 毫米。

把手能承受的最小抗拉强度为 8 千牛顿。

注：其他符合规范的设计样式也可使用。

链子与球体的连接：链子应借助于转动轴承与球体连接，转动轴承可为滑动轴承或滚珠轴承。把手与链子的连接应为环状连接，不得使用转动轴承。

链球应符合下列规格

	女子	少年男子	青年男子	成年男子
允许比赛和承认纪录的最小重量（千克）	4.000	5.000	6.000	7.260
制造厂商提供比赛使用的重量（千克）				
最小	4.005	5.005	6.005	7.265
最大	4.025	5.025	6.025	7.285
链球全长（从把手内沿量起，单位：毫米）				
最小	1160	1165	175	1175
最大	1195	1200	1215	1215
球体直径（毫米）				
最小直径	95	100	105	110
最大直径	110	120	125	130

注：球体重心至球体中心距离不得大于 6 毫米，将去掉把手和链子的球体放在一个水平的、直径为 12 毫米的圆形口刃上，球体必须保持平衡。

比赛设施

投掷圈

（1）投掷圈应用带状铁板、钢板或其他适宜材料制成，其上沿应

与圈外地面齐平。圈的周围地面可以为混凝土、合成材料、沥青、木材或其他材料。

投掷圈

圈内地面应用混凝土、沥青或其他坚硬而不滑的材料修建。圈内地面应保持水平，低于铁圈上沿2厘米（±6毫米）。

（2）掷链球投掷圈内沿直径应为2.135米（±5毫米）。

铁圈边沿应至少厚6毫米，漆成白色。

可在掷铁饼投掷圈内放置一个直径为2.135米的铁圈用于掷链球。

注：该铁圈应该漆成除白色以外的其他颜色，以便能清楚看到规则第187条7规定的白线。

（3）从金属圈顶两侧向外各画一条宽5厘米、长至少为75厘米的白线。此线可以画出，也可用木料及其他适宜材料制成。白线后沿的延长线应能通过圆心，并与落地区中心线垂直。

（4）不允许运动员向圈内或鞋底喷洒任何物质，或使圈内地面粗糙。

落地区

（1）应用煤渣或草地或其他适宜材料铺设落地区，器械落地时应能留下痕迹。

（2）落地区在投掷方向上的向下的总倾斜度不得超过1：1000。

（3）用两条5厘米宽的白线标出落地区，其内沿的延长线应能通过投掷圈圆心，夹角为34.92度。

注：可用下列方法精确设置 34.92 度。扇形落地区：在离投掷圈圆心 20 米处，两条落地区标志线相距 12 米（20×0.6 米），即每离开圆心 1 米，落地区标志线的横距增加 60 厘米。

落地区应该是均匀、足够松软的地面，以保证器械最初落地的位置能够被裁判员清楚地做出标记。不允许落地区的地面使器械向后反弹，这存在着使测量点被破坏的危险性。

标记

应用一面易于识别的旗帜或标记标出每一名运动员的最好试掷成绩，标志物沿康形落地区标志线外放置。

还应用一面显著旗帜或标记标出最新的世界纪录，在适当场合也应放置最新的洲际或国家纪录。

护笼

（1）必须从挡网或护笼内将链球掷出，以确保观众、工作人员和运动员的安全。本条款中规定的护笼，适用于场内有其他项目同时比赛，或者是比赛在体育场外举行并且周围有观众的情况。

在训练场地可以不使用此种护笼，结构更为简单的设备即可满足需要。如向国家田径组织或国际田联总部咨询可以得到合理的建议。

（2）在设计、制造和维护链球护笼时，应使其能够阻挡重量为 7.26 千克、以 32 米/秒的最大速度运行的链球。护笼的安放应使其消除链球弹出护笼或向运动员反弹或从护笼顶部飞出的危险。凡符合本条款的要求，各种设计和结构的护笼均可使用。

（3）护笼的俯视图应为 U 字形。护笼开口宽度应为 6 米。护笼开口宽度 6 米须以活动挡网内沿为准。位于投掷圈圆心前方 7 米处。

护笼后部挡网或挂网的最低点高度至少应为 7 米。开口处 2.8 米长

的挡网和活动挡网的高度至少
应为 10 米。

　　护笼的设计与结构应能防
止链球从护笼或挡网的连接处、
挡网或挂网下方冲出。

　　注：在投掷圈后部如何安
放挡网和挂网并不重要，但挂

护笼

网距离投掷圈圆心的距离至少为 3.5 米。

　　（4）护笼前端应放置两块活动挡网，每块宽 2 米，高至少 10 米，
每次只能使用其中一块。

　　注 1：左侧活动挡网适用于逆时针方向旋转的运动员，右侧活动挡网
适用于顺时针旋转的运动员。鉴于左手和右手投掷者同场比赛时需要移动
两侧活动挡网，因此以最短的时间和最小的人力移动活动挡网极为重要。

　　注 2：图中显示了两侧活动挡网末端的位置。比赛时仅允许关闭一
侧活动挡网。

　　注 3：操作时，活动挡网必须严格处于图中所示的位置。因此，设
计活动挡网时必须带有将活动挡网锁定在关闭位置上的装置。建议设立
一个操作活动挡网位置的标记（可以是临时或永久的标记）。

　　注 4：活动挡网的结构和操作方式取决于护笼的整体设计，可为滑
动式，或与一水平轴或垂直轴铰接，或可以拆卸。对活动挡网的唯一坚
固性要求是使挡网能够完全挡住链球的冲击，不得有在固定挡网和活动
挡网之间冲出的任何危险。

　　注 5：如能提供同样角度的保护而不增大危险区，与常规设计相比
具有革新式样的设计也可得到国际田联批准。

　　（5）制作护笼的挡网可采用适宜的天然材料或合成纤维，也可采

用低碳钢丝或高抗张力钢丝。绳索网眼最大尺寸为 44 毫米，钢丝网眼最大尺寸为 50 毫米。

注：对于护网的规格和安全检查程序在国际田联《田径场地设施标准手册》中有详细规定。

（6）如要使用同一护笼投掷链球，有两种安装方法可供选择。最简单的方法是安装直径分别为 2.135 米和 2.50 米的同心铁圈，使掷链球使用同一个圈内地面。

另一种方法是在同一个护笼内将链球圈分开设置。两个投掷圈必须纵向排列在落地区中轴线上。

注：在投掷圈后部如何安放挡网和挂网并不重要，但挂网至同心铁圈圆心的距离至少为 3.5 米。

（7）用左手和右手投掷的运动员同场比赛时，从护笼内投掷的最大危险扇形区均为 53 度左右。因此，护笼的位置和方向对于安全使用极为重要。

挡网的固定方式，必须保证开口宽度在挡网的任何高度上都相同。

标志物

在投掷圈内比赛的投掷项目，比赛中仅允许运动员使用一个标志物，此标志物可直接放置在投掷圈后面或仅靠投掷圈附近。标志物仅限运动员在自己试投期间临时放置，并且不能干扰裁判员的视线。落地区内及旁边不能放置任何标志物。

比赛所需全部物品

（1）红旗 4 面。

（2）白旗 4 面。

（3）黄旗 1 面。

（4）田赛成绩公告牌 1 个。

（5）落点标记插签 2 个。

（6）成绩标记 1 套。

（7）秒表 1 个。

（8）清洗链球用的水桶 2 个。

（9）扫帚 2 把。

（10）椅子 8 把。

（11）长凳 3 条。

（12）裁判桌 2 张。

（13）带夹书写板 4 个。

（14）笔 8 支。

（15）世界纪录标志 1 个。

（16）亚洲纪录标志 1 个。

（17）松香袋 1 袋。

（18）白镁粉 1 袋。

（19）毛巾 4 条。

（20）水桶和杯子 1 套。

（21）小垃圾箱 1 个。

（22）小锤 1 个。

（23）U 型钉 40 枚。

（24）伞或防雨用具 10 把。

（25）计时钟 1 个。

（26）距离标记 45 米、55 米、65 米各 2 个。

（27）角度线带（100 米）2 根。

（28）100 米钢尺 1 把。

（29）100 米玻璃纤维尺 2 把。

（30）链球架 2 个。

（31）护笼 1 个。

（32）工具箱 1 个。

（33）风标 1 个。

（34）拖把 3 个。

（35）棕垫 2 个。

（36）世界纪录标志带 1 个。

（37）亚洲纪录标志带 1 个。

（38）链球男女各 10 个。

标枪运动的场地设施

赛用标枪

结构：标枪由三个主要部分组成，即枪头、枪身和缠绳把手。枪身可以实心或空心，由金属或其他适宜的类似材料制成，以便组成一个固定的一体化的整体，并装有尖形金属枪头。

标枪枪身表面不得有凹窝、凸起、沟槽、突脊、空洞、粗糙，枪尾必须自始至终平滑和均匀一致。

枪头应完全用金属制成。可以在枪头前端焊接一个其他合金的加固枪尖，但整个枪头表面必须平滑和均匀一致。

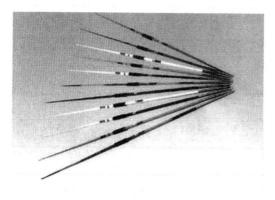

赛用标枪

把手：须包绕标枪重心，其直径不得超过枪身直径 8 毫米。把手表面应为规则的不光滑型，但不得有任何种类的绳头、结节或呈锯齿形。把手的厚度应均匀。

标枪所有部位横断面应为规则的圆形（见注 1）。枪身最大直径应在紧靠把手前端的地方。枪身中央部位，包括把手下面的部分，应为圆柱形或向枪尾方向稍微变细。但把手前后两端枪身直径减小不得超过 0.25 毫米。从把手处起，标枪应有规则地向两端逐渐变细。从把手至标枪前后两端点的纵剖面应为直线或略有凸起（见注 2），除了在枪头与枪身的结合部位和把手前后两端以外，枪身任何部位的直径均不得有突然改变。在枪头后端与枪身的结合部位，枪身直径的减小不得超过 2.5 毫米，在枪头后面 300 毫米以内，枪身纵剖面的变化也不得大于这个数字。

注 1：标枪横断面应呈圆形，在任一部位的最大误差为 2%，两个直径的平均值必须符合圆形标枪的规格。

注 2：使用一把长至少 500 毫米的金属直规和两把厚度分别为 0.20 毫米和 1.25 毫米的塞尺，可以迅速简便地检查标枪纵剖面的形状。对于纵剖面有稍稍凸起的部分，将直规紧贴这一小段，直规可有轻微晃动。对于纵剖面的直线部分，直规紧贴这一部分时，直规与标枪贴紧的部分，必须塞不进 0.20 毫米的塞尺。在紧靠枪头与枪身结合处的后面这一部位，上述方法不适用，此处必须塞不进 1.25 毫米的塞尺。

标枪应符合以下规格：

标枪	女子	少年男子	成年｜青年男子
允许比赛和承认纪录的最小重量（克）	600	700	800
制造厂商提供比赛使用的重量（克）			
最小			
605	705	805	
最大	625	725	825
标枪全长（米）			
最小			
2.20	2.30	2.60	
最大	2.30	2.40	2.70
金属枪头长度（毫米）			
最小	250	250	250
最大	330	330	330
枪尖至重心距离（米）			
最小	0.80	0.86	0.90
最大	0.92	1.00	1.06
枪身最粗处直径（毫米）			
最小	20	23	25
最大	25	28	30
把手宽度（毫米）			
最小	140	150	150
最大	150	160	160

标枪不得有可移动部分或投掷时可以改变其重心或投掷性能的装置。

枪尖张角不得大于40度。距枪尖150毫米处，枪头直径不得大于枪身最大直径的80%。在重心至枪尖的中点处，枪身直径不得大于枪身最大直径的90%。

在标枪重心至枪尾末端的中点处，枪身直径不得小于枪身最大直径的90%。在距枪尾末端150毫米处，枪身直径不得小于枪身最大直径的

40%。枪尾末端直径不小于3.5毫米。

比赛设施

助跑道

助跑道至少应长30米，条件许可时，应不短于33.5米。应用宽5厘米的两条平行白线标出助跑道，白线之间距离为4米。

助跑道前端是半径为8米的一条弧线，运动员应在投掷弧后面试掷。投掷弧可以画出，也可用木料或金属制成，弧宽7厘米，涂成白色，与地面齐平。

助跑道

投掷弧两端向外各画一条白色直线，线宽7厘米，长75厘米，与助跑道标志线垂直。

助跑道左右方向上的最大倾斜度为1:100，在助跑道最后20米的跑进方向上向下的总倾斜度为1:1000。

落地区

应用煤渣或草地或其他适宜材料铺设落地区，器械落地时应能留下痕迹。

落地区在投掷方向上的向下的总倾斜度不得超过1:1000。

在掷标枪项目中，用两条5厘米宽的白线标出落地区，其内沿的延长线须通过投掷弧内沿与助跑道标志线内沿的交点并相交于投掷弧的圆心。落地区的夹角约为29度。

落地区应该是均匀、足够松软的地面，以保证器械最初落地的位置能够被裁判员清楚地做出标记。不允许落地区的地面使器械向后反弹，这存在着使测量点被破坏的危险性。

标记

应用一面易于识别的旗帜或标记标出每一名运动员的最好试掷成绩，标志物沿扇形落地区标志线外放置。

还应用一面显著旗帜或标记标出最新的世界纪录，在适当场合也应放置最新的洲际或国家纪录。

标志物

在使用助跑道的田赛项目中，应沿助跑道旁放置标志物。每名运动员可放置1~2个标志物（由组委会批准或提供），以帮助运动员助跑和起跳。如未提供此类标志，运动员可使用胶布，但不得使用粉笔或任何不易去除痕迹的类似物质。

比赛所需全部物品

（1）红旗4面。

（2）白旗4面。

（3）黄旗1面。

（4）田赛成绩公告牌1个。

（5）落点标记插签2个。

（6）成绩标记1套。

（7）秒表1个。

（8）清洗器械水桶2个。

（9）硬扫帚1把。

（10）椅子8把。

（11）长凳3条。

（12）裁判桌 2 张。

（13）带夹书写板 4 个。

（14）笔 8 支。

（15）世界纪录标志 1 个。

（16）亚洲纪录标志 1 个。

（17）松香袋 1 袋。

（18）镁粉袋 1 袋。

（19）毛巾 4 条。

（20）饮水桶和杯子 1 套。

（21）小垃圾箱 1 个。

（22）小锤 1 个。

（23）U 型钉 40 枚。

（24）伞或防雨具 10 把。

（25）计时钟 1 个。

（26）距离标记，男 80 米、90 米、100 米各 2 个，女 50 米、60 米、70 米各 2 个。

（27）角度线带（100 米）2 根。

（28）角度线带桩。

（29）100 米玻璃纤维尺 2 把。

（30）100 米钢尺 1 把。

（31）标枪架 2 个。

（32）工具箱 1 个。

（33）风标 1 个。

（34）助跑标记 2 个。

（35）标枪，男、女各 12 支。

PART 5 项目术语

地斜角

地斜角指田赛投掷项目中，器械的出手点和落地点的连线与地平线形成的斜角。投掷运动员常根据地斜角的影响和器械所受的空气阻力以及滑翔作用，决定合适的投掷角度。

交叉步

交叉步即掷标枪助跑投掷的第三步，在第二步左脚落地后，右脚加速经过左脚向投掷方呈交叉形式迈出，形成下肢在前、与肩轴形成交叉姿态，进一步拉长了躯干的肌肉，左臂自然地摆至胸前，更有利于左肩向右转动，使躯干向左扭转幅度更大，并和右脚呈一斜直线，整个身体向后倾斜，达到良好的超越器械姿势。交叉步的步长取决于运动员助跑的速度、左腿蹬地的力量以及髋部的右转角。

投掷步

投掷步是掷标枪的助跑技术，分跳跃式和跑步式（这种投掷步不利于做超越器械的动作，因此采用的人较少）两种，一般采用 5 步完成。以右手投掷为例。当运动员助跑至最后倒数第二步结束以左脚落地时，右腿膝关节自然弯曲，大腿带动小腿积极有力地向前摆出，当右腿靠近左腿时，左腿快速有力地蹬、伸，形成两腿在空中瞬间交叉的姿势，以加快两腿向前运动的速度，形成良好的超越器械姿势，为最后掷出标枪做好准备。标枪出手后，右足再向前一步并降低重心，以缓冲快速的动作。

投掷圈

田径运动链球的投掷场地，圆形。掷链球的投掷圈直径为 1.135 米，误差均为 ±0.5 厘米。圈用厚角铁或钢板制成，厚 0.6 厘米，高 0.7 厘米，漆成白色，埋于地下，圈的顶端与圈外地面齐平。圈内地面用混凝土或类似的坚硬土质铺成，要求不滑。圈内地面比圈外地面降低 2 厘米，误差为 ±0.6 厘米。通过圆心作一直线，从圈的两侧向外延伸，各通过一条长 7.5 厘米、宽 5 厘米的白色延长线，此线用漆画或用木材嵌在地上均可。

步点

跳跃项目和部分有助跑的投掷项目，为了使踏跳点或投掷出手点准确无误，在助跑道上定有步点。一般为三个，开始起跑步为第一步点，踏跳点或投掷出手处为第三步点，中间为第二步点，用以检查助跑节奏和步伐的准确性。在一般跳跃项目中，第二步点定在离起跳板 6~8 步的地方，要求助跑节奏明显，动作轻松自然；在投掷项目中第二步点定在交叉步（或投掷步）的开始处。运动员可在助跑道旁边放置由比赛组织者提供的标志。

钉鞋

钉鞋田径运动员用的装备。它是由皮革制成的低帮运动鞋。一般前掌心总厚度不得超过 13 毫米，后跟最大厚度为 19 毫米。竞走用鞋前掌厚度为 13 毫米，后跟厚度不能超过前掌。跳远和三级跳远用鞋可增加厚度或在鞋内放置衬垫以保护脚跟，但后跟厚度不能超过 25 毫米。前掌的钉子以 6 枚为限，后跟的钉子以 2 枚为限。跳高、标枪运动员钉鞋后跟的钉子最多不能超过 4 枚，钉长均不能超过 25 毫米，直径不能超过 4 毫米。在塑胶跑道上比赛时，鞋钉长度不能超过 9 毫米，跳高和标枪运动员的钉鞋钉子长度不能超过 12 毫米，运动员不得在鞋内或鞋外使用任何装置而从中得到好处。

护笼

护笼田赛掷链球的防护设备。呈三面包围式，似一 "U" 字形。包括铁架和挡网两个部分，至少由 6 块宽 3.17 米的挡网组成。护笼开口的宽度为 6 米，位于投掷圈圆心前方 5 米处，挡网高度至少应为 4 米；铁架的立柱及横梁由铁管制成，挡网由合成纤维绳索或低碳钢丝（也可用其他高抗张力钢丝）制成。绳索网眼最大为 44 毫米 ×44 毫米，钢丝网眼最大为 50 毫米 ×50 毫米，但最小抗拉强度应为 40 千克。掷链球比赛时必须在护笼内进行，以保护运动员、观众和工作人员的安全。

起掷弧线

在掷标枪助跑道两端，各画一条宽 5 厘米的直线，两线平行相距 4 米，以平行线正中为圆心，以 8 米为半径向投掷方向画一弧线，与两平行线内沿相交，这就叫 "起掷弧线"。它由木料或金属制成，弧宽 7 厘米，漆成白色，埋在地下，其表面要与地面齐平。正弧线两端各画一长 75 厘米、宽 7 厘米的限制线，与助跑道两平行线呈直角。

最后用力

最后用力是投掷技术中的主要部分。要求通过投掷臂和手的动作把全身力量作用到器械上，使其以最大速度和最佳角度飞出的动作过程。它对成绩有决定性作用。一般在助跑最后阶段右脚落地后和左脚落地前开始。右脚蹬地后，接着做送髋、转腰、抬体、挺胸、挥臂、拨指等动作，并应尽量拉长工作距离，缩短用力时间，集中全力作用于器械，使之尽量飞远。

超越器械

在投掷运动中，器械还未出手时，身体超越于器械之前的状态，称为"超越器械"。它包括掷链球的旋转、掷标枪和手榴弹的助跑及交叉步等，一般在助跑加速的情况下完成。助跑到最后阶段时，躯干和下肢采取更快的速度前进，超前于器械，呈下肢在前上体在后的倾斜姿势，而器械则落在身体后方，目的是加长器械所处位置到投掷手之间的工作距离，为最后用力并提高成绩创造有利条件。

落地区

田赛掷部项目器械落地的有效区域，煤渣地、草地或可以留下痕迹的适当料构成的地面均可。标枪落地区从投掷弧圆心以 29 度角算起向前延伸的区域；铅球、链球落地区从投掷圈圆心处以 40 度角向前延伸的区域；手榴弹落地区为从起掷线向前延伸的度为 10 米的区域。角度线宽 5 厘米，线的末端竖标志旗。标志旗全为金属制成，呈长方形长约40 厘米，宽 20 厘米，高出地面至少 60 厘米，旗杆直径约 8 毫米。各投掷区向投掷方的倾斜度，最大公差不超过 0.1%。此外，跳跃项目的落地区是：跳高和撑竿跳高为沙坑或绵包。跳高的沙坑或海绵包最少长 5 米，宽 3 米；撑竿跳高的沙坑或海绵包最少长 5 米，宽 3 米。跳远和三级跳远落地区必须是沙坑，沙面与起跳板平齐。

五项全能运动

在公元前 776 年的第一届古奥运会上只开设了一个项目，就是"斯泰德"（场地跑），到了 18 届古奥运会，同时增设了跳远、掷铁饼、掷标枪和角力等项目。为了将这几个项目综合起来，赛会的仲裁委员会又开设了五项全能运动。当时的五项全能运动，乃是由徒步赛跑（即"斯泰德"竞技）、跳远、掷铁饼、掷标枪和角力五个单项竞赛项目所组合成的运动项目，也是古代奥运会上最引人注目、用以确定希腊最佳全能运动员的一项最重要的竞赛项目了。在 1912 年瑞典斯德哥尔摩举行的第五届现代奥林匹克运动会上，正式开设了五项全能比赛这一项目，包括有：跳远、200 米、1500 米、铁饼、标枪。

七项全能运动

七项全能运动是由女子五项全能演变而来的，比五项全能多加了 100 米栏和 800 米跑两个项目，在 1980 年第 22 届奥运会上列为正式比赛项目。比赛分两天进行：第一天按顺序为 100 米栏、推铅球、跳高、200 米跑，第二天按顺序为跳远、掷标枪、800 米跑。七项全能运动可在连续的两天或一天内完成。在一天内完成时，比赛的顺序不变。各单项比赛的间隔时间最少为 30 分钟。在跳远及各个投掷项目中，每名运动员只能试跳、试掷 3 次；每名运动员由 3 名计时员独立计算时间，或使用全自动电子计时装置计算时间。在任何赛跑及跨栏的单项比赛中，凡起跑 3 次犯规，则取消其比赛资格。每一个单项比赛后，都要根据国际田联现行评分表向全体运动员宣布该单项得分和各项的累积分。

十项全能运动

十项全能运动是由跑、跳、掷部分项目组成的男子比赛综合性田径运动项目。1912 年第 5 届奥运会开始将其列为正式比赛项目。比赛分两天进行，第一天按顺序为 100 米跑、跳远、推铅球、跳高、400 米跑，第二天按顺序为 110 米栏、掷铁饼、撑竿跳高、掷标枪、1500 米跑。规则规定各单项比赛的间隔时间最少为 30 分钟，运动员必须参加全部 10 个项目的比赛，如放弃一个单项的比赛，即不能参加以后的比赛，也不计算其总成绩。投掷和跳跃项目，每人只准试掷或试跳 3 次，径赛起跑犯规 3 次，即取消其该项比赛资格。每一个单项比赛后，应根据国际田联现行评分表向全体运动员分别宣布该单项得分和各项的累积分。运动员在全能运动的单项比赛中创造的新成绩，只要符合条件，都可以承认为该单项纪录。

PART 6 技术战术

链球运动的技术战术

技术特点

（1）掷链球是田径运动中唯一用双手握持器械的投掷项目。

（2）运动员带球旋转时，链球的离心惯性力较大，成绩在80米以上的运动员旋转时，受到链球的离心拉力非常之高。因此，在链球与人的运动系统中协调地处理好两者的关系是掷链球技术的显著特点。

（3）最后用力阶段对出手初速度的贡献率远低于其他投掷项目，而旋转阶段对出手度的贡献率较高，因此，在助跑阶段（链球的旋转过程）对器械的加速就显得非常重要。

技术形成的主要因素

1. 根据影响链球飞行远度的因素确定技术的形成

影响链球飞行远度的因素有出手初速度、出手角度、出手高度和空气的影响。

（1）出手初速度：出手初速度是影响链球飞行远度的最重要的因

素。出手初速度是以平方级的关系影响着链球飞行远度的，所以，出手初速度的很小变化都会使链球的飞行远度产生很大的变化。例如：出手初速度每增加 1 米/秒，将使链球的飞行远度增加 5 米。

出手初速度取决于链球旋转半径及其角速度的大小，这就要求运动员在投掷过程中，在获得最大旋转速度的同时，必须使链球获得最大的旋转半径。在掷链球技术中最重要的环节就是对链球的加速，链球应在出手前瞬间达到最大值，角速度也应不断地增加直至链球出手达到最大。

（2）出手角度：由于地斜角较小且受空气动力学方面的影响很小，链球最佳的出手角度在理论上应大约为 44 度，但由于在最后用力过程中链球产生的惯性较大，运动员需要以身体的倾斜来对抗此惯性，所以在实际投掷过程中的出手角度通常小于 44 度。

世界纪录保持者谢迪赫在投出 86.74 米的世界纪录时，其出手角度为 41.4 度。

链球的出手角度在很大程度上取决于链球运行的倾斜度，链球运行的倾斜度应逐圈增大，为获得链球最佳出手角度创造条件。

（3）出手高度：和铅球相比，链球的出手高度对其飞行远度的影响要小得多，器械飞行得越远，出手高度的影响也越小。在其他条件相同的情况下，出手高度的变化对链球飞行远度的影响是很小的，例如在出手角度为 44 度的情况下，出手高度增加 20 米，链球飞行远度仅增加 18 厘米。链球的出手高度在很大程度上取决于运动员的技术状况，而不仅仅是由运动员的身高所决定的。

（4）空气的影响：由于形状和重量的原因，链球不会像铁饼和标枪那样借助于空气产生一部分升力以延长器械在空中的飞行时间和距离，同时，风向和风速的变化对链球飞行远度所产生的影响也很小。研究表明，在逆、顺风速达到 2 米/秒时，对飞行远度在 80 米左右的链球的影响约为 0.5 米。链球在空气中的阻力可以忽略不计。

在海拔较高的地方投掷链球比海拔较低的地方远一些，这是由于海拔越高，空气阻力越小，且地心引力也稍小，但产生的影响十分微小。

2. 在技术形成过程中运动员和教练员的双重因素

技术的形成主要取决于运动员和教练员的双重因素，运动员的因素包含了身体素质情况、神经类型、运动员对教练员的信任、学习的积极性等方面，教练员因素则包含了对于掷链球技术的理解、教学的手段和方法及因材施教等多个方面。掷链球技术的形成是复杂的多因素共同作用的结果。

技术环节

本章中的描述都是以右手投掷为例，而左手戴手套。投掷圈的不同位置将用度数标明，0 度为投掷圈的后端，180 度为投掷圈的前端（图 1）。

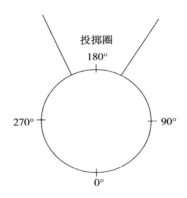

图 1   链球投掷圈，0 度为投掷圈的后端，180 度为投掷方向

握持法

链球的正确握持法和平稳、有节奏地旋转是形成好的运动节奏和节拍的关键。在进行完整的投掷动作前，运动员必须熟悉这些技术要正确

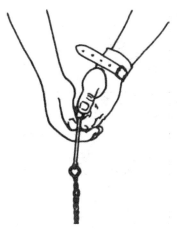

图2 链球的握持法

的握持法是：用戴手套手（左手）的第二掌骨握住链球手柄，然后将右手的手指包住左手手指，两手手掌相对（图2）。一些优秀链球选手只用戴手套手的三个手指握手柄，以此增加链球的旋转半径。

预备姿势

预摆前的预备姿势有很多种。在从预备姿势至预摆的过程中最重要的一点就是保持身体平衡、协调。最简单的预备姿势是：用手抓住链球手柄，手柄的位置在腰部稍高处，链球垂直向下悬挂。在这个姿势上，运动员可在身体下方前后摆动链球两次，之后向外直接将链球甩离身体（至0度），当链球回到身体右侧（至210度），再以逆时针方向拉球，开始第一圈预摆（图3）。这种开始方法比较适合初学者或中级投掷者，投掷者可以在预摆开始前逐步、有控制地为链球加速。有节奏的预摆开始动作也能形成接下来预摆和旋转的良好节拍。

图3 初级/中级选手使用的预备姿势

图 3 （续）

　　较为复杂的预备姿势是：用左臂在两腿之间摆动链球，然后将球从身边直接抛入空中（至 0 度），再绕身体回右侧（至 210 度）。随着链球从高点回转至原点，将右手握在手柄处，开始第一圈预摆（图 4）。

图 4　较为复杂的预备姿势

静力开始

投掷者可采用更直接的方法，将链球放在投掷圈内远离右脚脚后跟的位置，然后开始预摆。在这个姿势上，向前拉链球（至 0 度），开始第一次预摆（图 5）。这种静力预摆的开始方法不同于富有节奏的动力预摆开始方法，它使投掷者免于预摆前的动作。尽管两种方法相比，静力法看起来似乎更简单，但使用这种开始方法的投掷者可能出现仅靠手臂和双肩完成预摆这样的错误。常常出现这种错误的原因是该方法需要链球突然加速，以便开始第一圈预摆。短时间内加速具有迷惑性，让人感觉很简单，因为它靠上半身便可完成。但若想掷得更远，投掷者需要将髋部和大腿作为预摆以及整个投掷的驱动力。

图 5　静力预摆的开始动作

预摆

正确的预摆和进入旋转是链球投掷成功的关键。传统的方法是，投掷者在进入旋转之前完成两圈预摆。然而，值得一提的是，一些世界级顶尖选手使用的预摆常常超过两圈（如 1997 年世界冠军汉斯·维斯，1999 年世界冠军卡斯顿·科布斯）。不管怎样，很重要的一点是，在从预备姿势转入预摆时，需保持身体平衡、协调，将链球处于控制之中。至于使用多少圈预摆最为舒适、平衡，可因人而异。投掷者需谨记，使用的预摆圈数越多，预摆和进入旋转的过程就越复杂。正因为如此，大

多数的投掷者采用两圈预摆。

预摆的力学原理

在最后一圈预摆开始、进入旋转之前，无论从动力还是静力预摆开始，均可用"迈入"方式完成。所谓迈入，就是将右脚从投掷圈边放至圈后端，这个右脚的移动距离为10~45厘米不等（4~18英寸）。从这个姿势，投掷者便可进行静力或更为复杂的动力预摆开始了。完成第一圈预摆时，链球即将移至身前，将右脚前移至投掷圈边，与左脚成水平线（图6 c~d）。预摆过程中，左脚（支撑脚）与右脚之间的距离比肩稍宽，约71~79厘米（28~31英寸）。双腿微屈，使身体预摆时更具灵活性。

做预摆动作时，链球围绕身体运行，形成一个轨道。每个投掷者都有自己的链球运行轨道面，一般是该面与地面成37°~40°。预摆时，顺着髋部轴方向，以肩为轴旋转，启动身体预摆，并非用手臂预摆（图6 c~f）。这个动作正确的完成方式是：胸部朝向300度方向（最多至270度）时开始旋转身体，而链球转回180度方向（图6e和图6c）。之后，胸部转回0度位，而链球沿其运行轨道向0度方向转动。

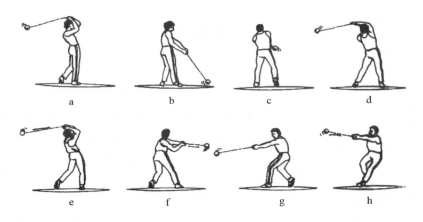

图6　四圈旋转投掷法

i   j   k   l

m   n   o   p

q   r   s   t

u   v

图 6（续）

预摆的节奏

预摆的步速表现为逐步加快。在预备姿势开始链球获得动能之后，第一圈预摆确定了链球的飞行轨道和轨道面。第一圈预摆的轨道面相对较平坦，步速也较自然，并不匆忙。第二圈预摆则更加明确了飞行轨道面，同时给链球加速，准备进入旋转。进入旋转时，链球的速度主要来自于之前的预摆。

确立一个合适的预摆节奏非常重要。如果在第一圈预摆链球的速度过快，身体就会在第二圈预摆时绷紧，以控制链球。相反，如果第一圈之后链球的速度过慢，第二圈时就需要努力给链球加速。这样做同样会紧绷身体，导致链球在进入旋转时无法与身体形成一条直线。上述两种预摆节奏上的错误都会改变链球的轨道面，造成负面影响。

进入旋转

从预摆到第一圈旋转之间的衔接应平稳。当链球完成最后一圈预摆至体前时（0度方向），双脚开始移动。一旦链球达到身体的正前方，投掷者应与链球形成一条直线（图6g及图7 e~f）。这条直线对接下来的旋转十分关键。如果在形成直线之前开始旋转，就会用左肩带动链球，将链球拖拽至第一圈旋转。这是一个技术上的严重错误。在链球从0度向90度移动时，双脚同时着地旋转（无论是脚后跟还是脚尖旋转直至链球到达70°~90°方向）。此时，抬起右脚，开始第一个单腿支撑阶段。

进入第一圈旋转时，链球的运行轨道面同预摆时相比，要更加平坦。相对而言，用脚尖着地旋转要比用脚后跟所形成的轨道面更平坦。一般来说，进入旋转时，用脚尖旋转（针对四圈旋转者而言）链球轨道面的倾斜角度约为15度（图6g），而用脚后跟旋转（针对三圈或四圈旋转者而言），则轨道面的倾斜角度接近20度（图7e）。进入第一圈旋转时链球轨道的低点应在0度位（图7e）。

由于个人技术上的差异，进入旋转的方法也各不相同。最为常见的一种方法就是：在0度方向形成链球运行的低点（左、右脚之间）。而优秀选手更倾向于将低点落在0度方向稍偏左的位置（左脚前）。这一点变化通常对速度快的选手适用，因为在旋转过程中，他们可以跟上链球，而不是放任链球运动。速度慢的选手可以将低点设在0度方向稍偏右的位置（右脚前），这样便可在第二圈270度方向跟上链球。20世纪50至70年代，常见的方法是第一圈旋转从右脚低点开始。将低点如此靠近右脚，投掷者不得不拖拽链球，难以形成器械加速所需的最佳角度。而现代链球技术则解决了这个难题。

第一圈旋转

第一圈旋转可以用脚尖着地或脚后跟着地。脚尖着地旋转常被四圈旋转者用于第一圈旋转中（图6g），因为这样做可以更平稳地过渡到接下来用脚后跟的三圈旋转，同时也可以减少在投掷圈内旋转移动的距离。脚尖旋转（同脚后跟旋转相比）过程中，链球的运行轨迹更平坦，链球的速度通常不如三圈旋转技术中的第一圈旋转的速度快。四圈旋转技术中，可用脚后跟做第一圈旋转。然而，使用三圈旋转技术或更少圈旋转技术的投掷者几乎从不采用脚后跟开始旋转（图7f）。同脚尖旋转相比，脚后跟旋转时链球的加速度形成得更快，因为用脚后跟旋转同用脚尖相比，可与链球之间形成更大的反作用力。

第一圈旋转过程中的脚步动作

无论采用脚后跟还是脚尖旋转法，必须等链球到达0度方向时才能开始脚步动作，使身体与链球形成一条直线（图7e）。随着链球运行到90度方向，脚步动作开始。在旋转过程中，左脚始终对着链球方向。

脚尖旋转投掷者以左脚的脚掌为轴旋转，脚尖始终对着链球飞行方向（图6g）。脚后跟旋转技术则从脚后跟旋转开始，保持左脚脚尖对着链球飞行方向（图7f）。

当链球运行到90度方向时，抬起右脚，开始旋转的单脚支撑阶段。此刻，脚尖与脚后跟技术的力学原理几乎一致。随着链球绕身体旋转至180度方向时，将右腿贴在左腿旁，以左脚脚掌为轴，做横向旋转（图6h及图7 g～h）。在第一圈旋转的单脚支撑阶段下，左脚旋转约为180度（90°～270°方向），之后右脚落地，开始下一个双脚支撑阶段。

在第一个单脚支撑阶段结束时，将右脚放在投掷圈内 210°~270°位置上。在第一个单脚支撑过程中，收回右腿并绕转左腿的同时，在左腿精准弯曲的协助下（图 6l 及图 7h）将右脚落在地面。左腿的弯曲使此阶段身体重心多落在左腿上，它其实是对链球产生的离心力的一种自然反应。弯曲左腿可以增加身体的平衡性和稳定性，因此尽量降低身体重心。这个动作与链球运动形成反作用力，避免身体被拉高后甩出投掷圈。一旦回到双脚支撑，身体重心应落在两腿之间稍偏右脚处。在这个姿势上，以双脚的脚掌为轴旋转，双脚向后，朝 0 度方向转动，进入第二圈旋转（图 7i）。

a   b   c   d

e   f   g   h

i   j   k   l

m   n   o   p

图 7　三圈旋转投掷法

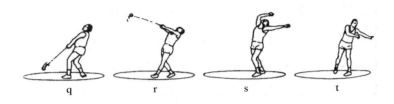

图 7 （续）

三圈旋转法 VS 四圈旋转法

投掷者应慎重考虑并进行反复尝试之后再决定使用三圈还是四圈旋转法。四圈旋转技术对于年轻且缺乏力量的投掷者更有优势，因为多旋转一圈可以增加链球的运行速度。那些在前几圈旋转中提速较慢的投掷者也可从第四圈旋转中获益。三圈旋转与四圈旋转相比，链球的运行距离显然要短，但使用这两种方法的不同投掷者，其投掷的远度相似。考虑技术的关键是：我如何能在最佳控制状态下（出手角度和留在投掷圈能力）获得最大出手速度？尤·谢迪赫使用三圈旋转技术创造了当时的世界纪录 86.7 米（285 英尺）。

每个投掷者自行决定哪种技术更有效，哪种控制方法更适合自己。一般而言，除非使用四圈旋转技术能取得比三圈更好的运动成绩，否则还是使用三圈旋转技术。当然，做决定之前需要时间和实践。成功的链球投掷者证明，若想投掷最远距离，三圈是最少的旋转数。明白三圈或四圈旋转是最终目标的道理后，初学者在使用一圈或两圈旋转方法参加比赛时就更容易成功。建议从一圈旋转开始练习，逐步到两圈、三圈旋转。切忌从四圈旋转开始练习再因为控制力或节奏问题，改为三圈旋转。

旋转节奏和力学原理

投掷过程中，链球的速度不是稳定增加。事实上，在一圈接一圈的旋转中，链球的速度也表现为一系列的加速和减速。

从投掷的开始至投掷出手，链球飞行的距离超过 30 米（98 英尺），这就给投掷者足够的时间提高出手速度。链球的加速出现在双脚支撑阶段（即双脚同时着地），而少许的减速则常出现在单脚支撑阶段。

高水平链球运动员能够最大化双脚支撑时间，同时最小化单脚支撑时间。主要通过以下方式：

1. 从第一圈旋转开始，逐步增加双脚支撑的时间、缩短单脚支撑的时间。

2. 有效减少单脚支撑阶段的减速程度。

一旦链球在第二圈预摆结束达到第一圈旋转的低点位，旋转力学便发挥作用。第二圈、第三圈甚至第四圈的旋转力学原理与第一圈旋转相似，是对链球加速的反应，表现为以下技术特征：

（1）每一个后接旋转中，稍早抬起右脚（图 6g，j，m，p）。也就是说，第一圈旋转时，当链球运行到 90 度方向，抬起右脚。而在接下来的旋转过程中，链球运行到 70° ～ 80° 方向时抬右脚。

（2）每一个后接旋转中，将身体重心均分在两腿间，右脚向后落地成双脚支撑时，可稍微偏右（图 6i，l，o，r 及图 7l，p）。

（3）随着每一个后接旋转接踵而至，链球的轨道也越来越斜。每一圈的低点向左微微偏移。四圈旋转投掷者开始第一圈旋转时链球的角度 15 度，到旋转结束时达到理想的出手角度 42° ～ 44°。三圈旋转者开始旋转时链球的角度更大（约为 20 度），因为投掷者需要在较少的旋转圈里达到最理想的出手角度（即 42° ～ 44°）。

（4）随着每一个旋转，不断缩小双脚支撑阶段的基面（图 6i，l，o，r）。这样做可缩短单脚支撑阶段的时间，在双脚接触地面时增加双脚用力时间的比例。双脚支撑的时间越长，链球加速的时间也越长。

在双脚支撑阶段，链球的加速有效促使肩轴保持在髋部/脚轴的前方。在整个投掷中，肩轴与链球金属链始终保持 90 度。在首个单脚支撑阶段结束时，双脚着地，肩轴应落在髋部/脚轴线之后。当旋转进入双脚支撑阶段时，将肩轴和髋部轴合成一条线，形成向前的轨道面，然后再继续下一个单脚支撑阶段（图 7j）。在双脚支撑阶段，手臂、肩部、躯干与链球形成反作用力，链球不断加速，尽管臀部仍然在旋转，但旋转速度放慢，为身体躯干提供可以依靠的基座。如果在接下来的单脚支撑开始前不能形成臀部轴和肩轴之间所需的角度，就会出现我们前面提到的"拖拽"链球现象，从而导致链球加速最大化过程中丧失所需的等腰三角形。

投掷出手

当右腿下落至双脚支撑、开始投掷出手时，身体必须保持平衡，躯干几乎完全直立（图 7p）。当链球运行至 0 度位置并继续运行至出手时，用力蹬直双腿（图 6s ~ v 及图 7q ~ r）。在尽力给链球加速度之后让链球出手。通常情况下，链球运行至肩膀高度，接近 90 度方向时出手（图 6u 及图 7r）。投掷出手阶段，不再给链球额外增加作用力，只是继续平稳加速，与之前的旋转很好地融为一体。

技术练习

技术练习是链球运动员提高技术的一个独立环节，有很多作用。技术练习可用作分离并提高某个技术环节，既可运用于某个训练阶段的训练课，也可运用于完整投掷的前奏——热身练习之中。训练季早期常将技术练习作为完整投掷训练的一个组成部分。技术练习可帮助运动员掌握正确的投掷节奏和姿势。教练员在训练课中安排的练习数量越多，训

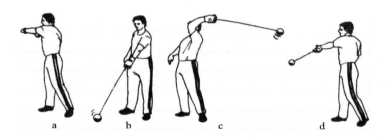

练效果就越好。

单手预摆练习

学习预摆，先从单手预摆练习开始，左右手均可。这个练习对初学者掌握手臂成为金属链的延长部分技术十分有益。当然，初学者像控制手臂一样去控制链球进行预摆，这可不是一件轻而易举的事情，主要原因是单臂。开始阶段，练习者可用我们前面叙述的静力或动力开始方法，从任意一个地方开始，以平稳、均匀的步伐完成 5～10 次预摆。

用右臂进行预摆练习时，需注意以下事项：

（1）伸直右臂，在链球向后摆至 270 度方向时抓住。

（2）在预摆练习过程中，保持链球轨道运行的低点始终在同一位置。

用左臂进行预摆练习时，需注意以下事项（图 8）：

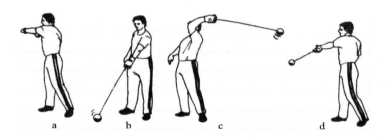

图 8　单臂预摆练习

（1）确保链球向后运行过头顶的过程中左臂弯成 90 度。

（2）左臂的肘部在链球从后向前摆，链球从 270 度方向向 0 度方向运行时尽量靠近左臀。

一旦习惯用任意单臂预摆，便可开始用左手进行一两圈的链球预摆练习。之后，将另一只手加在链球手柄上进行常规的双臂预摆。这个循序渐进的过程让初学者形成单臂放松的预摆节奏，然后双臂继续该节奏。

预摆及投掷出手练习

在熟悉预摆之后，便可过渡到预摆及投掷出手练习。背对投掷方向开始预摆，完成两圈或三圈预摆之后投掷出手。完成投掷出手过程中，以双脚脚掌旋转。这样可以让练习者在出手时保持身体平衡。这个练习可用多种方式完成，使用较轻的链球、较短的金属链，或使用单臂。

绕步练习

该练习的设计意图是培养运动员在进入旋转之前人与链球形成一条直线，以产生与链球离心力相抵的反作用力。握持链球，用双脚脚掌开始旋转。右手投掷者向反方向旋转用紧凑的步伐加速旋转，双脚靠近（图9）。随着旋转速度加快，链球产生的离心力也加大。练习的动作要领：向后"坐"，手臂放松，对应链球产生的拉力，由此学习并掌握用链球旋转时正确的身体姿势。

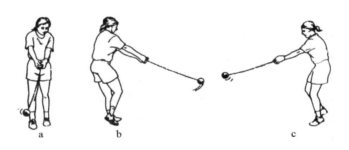

图9　绕步练习

一圈旋转及投掷出手练习

一旦练习者可以利用正确的脚步动作完成预摆和投掷出手，便可将两种技术要领合并，进行一圈旋转的投掷练习。一圈旋转投掷的要点是保持链球在其应有的轨道上（低点在0度方向，高点在180度方向），在无需考虑多圈旋转所涉及的复杂要素的情况下，协调好进入旋转、旋转和投掷出手技术便可。该练习可使用短金属链的较重链球，在投掷过程中注意脚步移动，与链球保持同步。

双球 180 度迈步练习

双手各持一球，用小步、紧凑步原地旋转（图 10）。以适当的速度旋转，抬起右脚，迈至左脚前，右脚落地时脚尖正好朝向刚才起脚时180 度的反方向。然后，立即开始旋转，重复刚才的脚步动作，如此反复。该练习的目的是向初学者介绍单脚支撑阶段右脚的节奏，同时无需考虑复杂的完整脚步动作时机和技术。

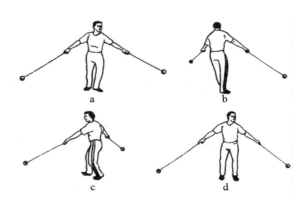

图 10　双球 180 度迈步练习

双球多圈旋转练习

双手各持一球，用小步、紧凑步原地旋转。当旋转速度感觉合适后，调整身体朝向 0 度，用正确的链球脚步动作开始一连串的旋转。这是一个很好的脚步动作练习，因为练习时无需担心链球的运行轨道问题。

反握法投掷或旋转练习

练习者可用反握法进行多圈旋转或完整的投掷练习，即用左手握在右手外（以右手投掷者为例这种握法让练习者体会"拖拽"的感觉，并迫使练习者在投掷出手时更有耐心，因为同传统握法相比，这种握法用左肩带动，会让练习者觉得更容易脱手。

脚尖旋转练习

这是一个有关身体平衡的复杂练习，可用单球或双球完成。如果是一个链球，练习者可从预摆开始；如果是双球，则从转动脚开始。链球一旦开始运动，练习者便左右脚脚尖交替，完成一系列的旋转动作（图11）。做这个练习时要步速均匀，保持链球运行轨道平稳。将重点放在身体平衡上，将投掷者的身体与链球形成一体。

图 11　脚尖旋转练习

多圈旋转练习

多圈旋转练习的圈数可从 2～15 圈不等（只要有足够的空间），重点在脚步动作和旋转的节奏上，也可进行多圈旋转投掷练习（最多可转6～7 圈）。这个练习可用单臂或双臂完成。多圈旋转练习的另一种练习法是，用戴手套的手握持链球，预摆并进行两圈旋转。两圈旋转之后，右手握手柄，再旋转 2～4 圈，为链球加速，然后投掷出手。

　　这个练习有助于练习者在头几圈旋转中练习拖拽链球。用戴手套的手开始旋转，在头几圈旋转中给链球加速度过程中，如果身体在链球之前（拖拽链球），练习者可以清楚地感觉到。如果练习者在双手握手柄之前，通过头几圈的旋转给链球加速度，他们便不大可能去拖拽链球。

扫帚或棍旋转练习

　　初学者开始练习时，可使用扫帚或棍代替链球。首先将旋转动作分为三步。第一步，面向 0 度方向，像握持链球一样手持扫帚，使扫帚远离身体（图 12a）。用左脚的脚后跟和右脚的脚掌为轴，原地持扫帚旋转至 90 度方向（图 12b）。第二步，用左脚脚掌旋转，同时抬起右脚并迈过左脚。这个动作要求练习者以左脚脚掌为轴旋转，同时右脚迈过左脚落地，脚尖指向 210 度方向（图 13a）。完成这一步之后，双脚旋转，带动身体和扫帚再次回到 0 角度位置（图 12d）。当练习者完全掌握每一步动作之后，将三步动作合成，最后达到连续旋转几周而不中断。此外，练习者可让扫帚或棍的运行轨迹更陡，以体会使用链球进行旋转的感觉。

　　　　　　a　　　　　　　b　　　　　　　　c　　　　　d

图 12　扫帚旋转练习

单臂旋转练习

　　使用单臂练习。预摆两次，让链球运动起来。然后开始多圈旋转（图 13）。左臂和右臂均可使用。一旦开始旋转，链球的运行轨道应相对平坦。练习者应将注意力放在链球的控制和脚步动作上。在单臂旋转练习很熟练并且不用手臂拖拽链球的情况下，练习者便可开始做多圈旋转练习。

图 13　单臂旋转练习

投掷练习

使用不同重量的链球练习投掷，可帮助练习者掌握特定的速度（较轻的链球）和特定的力量（较重的链球）。练习者的个人情况以及练习者所处的训练阶段决定了何时、以何种方式将不同重量的链球引进训练课。一般来说，在练习者训练早期，即培养一般力量和特定球力量时，使用较重链球。在训练后期接近赛季时，即提高速度阶段，使用较轻链球。

较重的链球可增加力量，大学生或室外选手使用的链球重量为 18~20 磅（8~9 千克），高中生则为 14~16 磅（6~7 千克），女子链球选手使用的链球重量为 10~11.2 磅（4~5 千克）。在练习者掌握投掷技术和时机的前提下，每千克差别的链球，其投掷距离相差约 6 米。在一次训练课上，如果接连使用不同重量的链球投掷，练习者可能无法看出这么明显的差别。谢迪赫曾表示，他在使用 20 磅（9 千克）链球和 16 磅（7.26 千克）链球进行投掷练习时，两者的差距始终是 43 英尺（13 米），但他在使用 18 磅（8 千克）链球和 16 磅（7.26 千克）链球进行投掷时，两者的差距则在 13~26 英尺（4~8 米）之间，差距取决于谢迪赫的技术和时机。

使用较轻的链球可将重点放在特定的链球速度上。大学生或室外选手使用的较轻链球的重量为 11.2 ~ 14 磅（5 ~ 6.35 千克），高中生选手则使用 11.2 磅（5 千克）、10 磅（4.5 千克）和 8.8 磅（4 千克）的链球。女选手则使用重为 7 磅（3 千克）和 8 磅（3.6 千克）的链球进行速度训练。正如前述，使用较轻的链球投掷时，随着重量的减小，两者间的投掷差距则增大。如使用较轻链球无法实现所说的差距，则说明链球出手速度不够。练习者需要调整训练计划，解决训练中的不足。

另一个训练速度的练习就是使用较短金属链的链球。对于男子运动员，18 磅、20 磅、22 榜（8 千克、9 千克、10 千克）的链球，其金属链长度从 3 英尺（1 米）降至 31 英寸（79 厘米）。劳瑞·巴克利是澳大利亚运动员德比·苏西曼科的教练员，他建议女选手使用短金属链的链球练习，12 磅（5.4 千克）重链球的金属链长 3 英尺（1 米）。14 磅（6.35 千克）重链球的金属链长 31 英寸（79 厘米），16 磅（7.26 千克）重链球的金属链长 30 英寸（76 厘米）赛季里，用标准重量链球训练速度时，也可使用稍短些的金属链。

在一次训练课上分配较轻和较重链球的办法有很多，最好的办法是在训练开始时使用较重链球，随着身体渐渐疲劳，再使用较轻的链球。不同重量的链球使用顺序取决于训练课的侧重点以及练习者的力量、速度、反应、学习能力和经验。下面是一次训练课分配不同重量链球的一些方法：

（1）较重，标准重，较轻。

（2）5 次较重，1 次标准重。

（3）10 次较重（9 千克或 20 磅），10 次稍重（8 千克或 18 磅），5 次标准重（7.26 千克或 16 镑）。

（4）10 次较轻，1 次标准重。

（5）10 次较轻，10 次标准重，10 次较重。

（6）较轻，标准重，较重。

年轻的投掷者在达到一定技术水平之前不要使用较重链球进行完整的投掷练习。一个最佳成绩不足 50 米的投掷者，如果使用了超过他（她）标准链球 1 千克以上的链球，便会出现很多技术问题。这样做使投掷者停止使用常规的链球技术，转而使用较重的链球投掷技术，就形成了巴克利所说的"重球技术"。年轻的投掷者应该使用较轻器械学习完整的投掷技术和投掷节奏，然后逐步过渡到标准重链球，并保持合理的节奏、速度和连贯技术。

标枪运动的技术战术

技术特点

1987 年的标枪世界冠军法蒂玛·惠特布雷德曾向青少年标枪运动员建议："……标枪运动员应是一名多面手，即像全能运动员。"这说明，掷标枪技术需要运动员具有全面的身体素质。掷标枪是一项唯一不仅需要采用接近跑步的技术动作，而且要求在全速奔跑的过程中流畅、协调地完成投掷动作的投掷项目。

掷标枪，对运动员身高、体重和最大力量的要求，不像掷铁饼和推铅球那么高，而是更多地依赖一定距离的助跑、速度爆发力和专项投掷力量。

由于标枪器材重量较轻，且需在较短的时间内使标枪从相对静止的

状态加速到30～35米/秒的速度，所以需要运动员在较高的助跑速度和投掷步中完成动作。不仅要求运动员应具备较强的腿部、上肢、躯干伸肌的专项速度和投掷力量，而且还要求运动员具备高水平的短跑速度、动作速度及

运动员投掷标枪

从周期性动作向非周期性动作转换中的特殊协调能力。

从技术角度来说，只有具备良好的把握腿部、躯干和上肢动作的节奏、连接时机以及高度专项化的能力，才能较好完成掷标枪技术，取得理想的效果。

技术形成因素

掷标枪的目的是将标枪投得尽可能远。其远度主要取决于掷标枪技术不同阶段的生物力学条件，具体包括：出手速度；出手角度、姿态角度及攻击角度；交叉步与制动步的长度的比例；助跑速度；加速路线。标枪的加速路线长于任何一个投掷项目，开始于周期性助跑阶段，结束于标枪出手，其总长度为25～35米。

从生物力学角度来看，在预跑阶段的速度对标枪加速的影响较少，可是不合理的预跑阶段的速度会对投掷步阶段和最后用力产生消极影响。

投掷步的节奏是至关重要的。除了要保持预跑阶段所获得的速度外，还要充分拉长与"鞭打动作"的躯干与臂部肌群，使之形成伸展拉长状态，为最后爆发用力做准备。

投掷步的最后两步即交叉步和制动步，对标枪远度的影响程度最大。

躯干的后倾角是评价身体姿势是否合理的标志之一。一般认为，在交叉步后右脚着地瞬间，理想角度为30°～36°。

交叉步动作应表现出步幅大、身体重心低、脚落地快的特点。它是5步（5步投掷步技术）中步幅最大的，比其他4步平均步长大10°～20°。在交叉步动作中，较大的落地角会使身体后倾，并且会降低投掷远度。5步投掷中的最后一步，其主要目的是使运动员做出理想的满弓姿势，如果对运动员的这一步的步长与标枪能够进行合理的控制，可以有效地转移最后用力阶段所产生的冲量。

较高出手速度的关键是实现动量从躯干—投掷臂—标枪的有效传递。最后一步脚着地后，腿、髋、躯干、肩、臂等应有序地制动，以有效地将动量传递至标枪。

要想获得最后用力动作阶段最佳投掷效果，需要各技术环节一环扣一环地协调进行，如加速、制动、投掷各种准备动作是共同作用的，这样才能形成最后用力过程有效的加速。

技术组成

掷标枪是田径运动中技术比较复杂的快速力量性项目。合理的掷标枪技术，要求运动员在快速助跑中充分发挥人体的力量，以正确的动作将标枪掷出。为了便于分析，将掷标枪技术分为握枪和持枪、助跑、最后用力、维持平衡四个部分。下面以右手掷标枪为例进行分析。

一、握枪和持枪

掷标枪时，投掷者必须单手握在标枪把手处。合理的握枪方法能较好地控制标枪，使最后用力的方向通过标枪纵轴，同时又能最大限度地发挥投掷臂和手腕、手指的力量。为了将人体助跑和用力时产生的速度和力量有效地传递和作用于标枪上，握枪时，既要握牢，又要保持投掷臂和手部肌肉相对放松，以便快速鞭打用力。

（一）握枪

握枪时，既要握牢又要放松。通常的握法有三种（图14），正确的握法不仅能控制好器械，还能在标枪投掷出手时将投掷者所有的动能转移至标枪上。下面介绍常见的三种标枪握法：

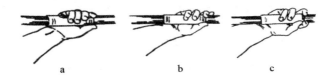

图14　三种常见的握法：a. 美式握法　b. 芬兰握法　c. 叉手握法

三种握法均利用手掌中心的掌沟作为标枪摆放的托架，其差别在于手指握枪位置的不同。第一种握法为美式握法，即将拇指和食指握住标枪中心的后侧（图14a）；第二种握法为芬兰握法，即拇指和中指握标枪中心，食指则附在标枪杆旁边的地方（图14b）；第三种握法为叉手握法，即标枪握在食指和中指之间（图14c）。没有哪种堪称最佳握法，世界纪录的创造者使用各种握法。投掷者可以尝试全部三种握法，然后使用感觉最舒适的那种方法，控制好标枪。

通常投掷者需要一段时间来适应持枪移动。各种跑步和弹跳练习有助于掌握持枪时以放松、有节奏的方式自然前移。投掷者使用的标枪握法应能够轻松练习投掷标枪的技术动作。这些练习对于掌握轻移步和积蓄动能并转移至标枪非常重要。

（二）持枪

持枪是指在预跑过程中携带标枪。持枪主要有肩上持枪和肩下持枪两种方法。

1. 肩上持枪

右手持枪于右肩上方，持枪手靠近头部，高度与头顶齐平或稍高于头，枪身与地面平行或枪尖略低于枪尾。目前多数运动员采用肩上持枪，这种方法动作简单，能使运动员助跑时平稳地进行引枪，持枪手的手腕比较放松，便于控制标枪。

2. 肩上持枪

运动员在预备姿势和助跑的前半段，持枪臂下垂于髋侧或腰间，两臂随跑动动作前后自然摆动，预跑一段距离后持枪臂上举成肩上持枪姿势。肩下持枪时，在上举标枪前肩部比较放松，但由于上举标枪过程是在助跑中完成的，增加了助跑时控制枪的难度。

二、助跑

掷标枪最后用力前，运动员手持标枪跑过一段距离，使人体和标枪获得一定的预先速度，在助跑过程中形成合理的身体姿势，为最后用力做好准备。优秀运动员投掷标枪时，标枪出手速度中约30%来自助跑；优秀运动员助跑掷的成绩可以比原地掷提高20～30米。因此，助跑的作用十分重要。

掷标枪时应采用直线助跑，距离一般为25～35米。助跑动作要自然、流畅，节奏鲜明，在整个助跑过程中要控制好标枪，清晰地完成预期动作和保持枪的运行平稳。助跑全程14～18步，分为预跑和投掷步两个阶段。

（一）预跑阶段

预跑是从开始助跑时起至开始引枪时止。这一阶段。运动员通常采用的是周期性助跑动作，跑 10～14 步，其任务是获得适宜的水平速度，为引枪做好准备。

开始预跑前，应在助跑道外侧地面上放两个标志物，将左脚踩在第一标志物的延长线上，迈右腿开始预跑的第一步。助跑时面对投掷方向，上体垂直于地面，两眼平视前方，动作放松且富有弹性，大腿积极前摆，用前脚掌着地，后蹬有力。左臂摆动同正常跑，持枪臂可随跑的动作做小幅度前后自然摆动。

助跑的速度应逐渐加快，通常在预跑段结束时达到最大速度，可达到 6～8 米/秒助跑的最高速度要与个人的身体素质和专项技术水平相适应。如果助跑速度过快而超出个人的适应范围，可能会影响投掷步和最后用力动作。提高助跑速度应在不断熟练技术的基础上逐步实现。

（二）投掷步阶段

当预跑结束时开始进入投掷步阶段，此时左脚的落地位置应在第二标志物的延长线附近。投掷步阶段通常从右腿前迈开始，到最后一步左脚触地时结束。这一阶段的任务是在尽量减小预跑速度损失的基础上，完成引枪和超越器械动作，做好最后用力前的准备，连贯地进入最后用力。

完成投掷步通常有跳跃式投掷步、跑步式投掷步、混合式投掷步三种形式。

跳跃式投掷步：摆动腿前摆较高，后蹬有力，人体腾空较高，步幅较大，每步用的时间较长，有较充足的时间完成引枪和最后用力前的准备，但身体重心起伏较大，易影响水平速度，且需有较强的腿部支撑力量。

跑步式投掷步：比较像跑的动作，步频较高，速度较快，身体重心运动轨迹较平稳，但由于每步用的时间较短，易影响最后用力前的准备。

混合式投掷步：介于以上两者之间。支撑腿用力蹬地，摆动腿积极前摆，人体重心运行轨迹较平，各步的步长和每步用的时间适宜，以完成引枪动作和做好用力前的准备为目标，同时又不过多损失助跑的水平速度。目前采用这种投掷步的运动员较多。

投掷步的步数通常有四步、五步和六步。

四步投掷步：当左脚踏上第2标志物后，迈右腿开始第1步。第1、2步进行引枪，第3步为交叉步（图15），第4步过渡到最后用力。

  a   b   c   d

图15　交叉步的动作过程

五步投掷步：以右脚踏上第2标志物，左腿前迈为第1步，同时引枪，第3步引枪结束，其他同四步投掷步的后两步。

六步投掷步：当左脚踏上第2标志物后，迈右腿开始第1步。第1、2步进行引枪，第3、5步分别为两个交叉步，第4步为跨步，第6步过渡到最后用力。由于采用六步投掷步时有较长时间做最后用力准备，便于控制标枪，所以目前较多国外优秀运动员采用这种投掷步。

下面以四步投掷步为例进行分析：

第一步：左脚踏上第二标志物，右腿积极前摆，右肩后撤，上体向右转动，开始引枪，枪身靠近身体，目视前方，髋部正对投掷方向，左臂在胸前自然摆动。引枪大体可分为"直线引枪"和"弧线引枪"两种方法。

直线引枪：是在引枪开始后持枪臂直臂向后引枪，使标枪由肩上沿标枪纵轴延长线向后引。这种引枪动作简单，容易控制标枪的方向和角度，目前国内、外较多运动员使用这种方法。

弧线引枪：预跑结束时，手持标枪向前、向下、再向后做弧线摆动。采用这种方法可使投掷臂肌肉比较放松，但不易控制枪。

第二步：右脚落地缓冲后积极蹬地，左腿前摆，肩继续后撤，上体继续向右转动，左臂前引，在左脚落地时身体转至侧对投掷方向。引枪时上下肢动作应协调配合，下肢蹬摆动作应积极有力而有弹性，尽量减小身体重心的上下起伏，保持身体前移速度。

引枪结束时，躯干与地面基本保持垂直，面部朝着或半朝着投掷方向，标枪被控制在离身体较近的位置，枪头靠近右面部，枪身与水平面约成30度，肩轴指向投掷方向，投掷臂放松并伸直，右手持枪在肩轴延长线上，标枪靠近身体，这一动作有利于对标枪的控制和最后用力。

第三步：是交叉步（图16）。这是为最后用力做好准备的关键一步。它的任务是在保持人体快速向前运动的条件下，进一步加大躯干的扭转并形成合理的后倾姿势（超越器械），创造良好的最后用力前的预备姿势，为过渡到最后用力创造条件。通常这一步中身体腾空较高，步长

图 16a　直线交叉步：大腿和双脚正对投掷方向

较大，时间也较长，以便于做好用力前的准备工作。

引枪结束左脚着地后，左腿积极向后蹬地，右腿屈膝，以大腿带动

图16b 转体交叉步：交叉步时侧身

小腿快速有力地向前上方摆出。两腿的积极蹬摆动作造成髋部和下肢加速向前，超过上体的前移速度使躯干后倾并加大向右转体，使人体的髋轴和肩轴形成扭紧状态。左腿蹬地结束后，迅速前摆。

交叉步右脚落地时，躯干后倾角（躯干中轴与垂直面之间的夹角）为20°～25°，左腿已摆至右脚前方，右脚与投掷方向的夹角约45度。

第四步：最后一步投掷步。这是右脚着地后左脚积极快落的过程，是助跑全过程中唯一没有腾空的一步，也是助跑与最后用力衔接的关键环节。由于交叉步的步长通常较大，身体腾空较高，右脚着地时，右腿承受着较大的冲力，因此，右脚着地后，右腿应适度被动屈膝缓冲，减小水平方向的制动和速度损失，以使髋部和人体重心尽快移过右脚支撑点上方，然后积极蹬伸，加快左脚落地。左脚着地瞬间，应保持躯干后倾角基本不变，使最后用力有较大的工作距离。

在交叉步腾空后，人体具有很大的动能，在右脚着地后，在巨大的冲击力作用下，右腿的膝关节必然要弯曲进行缓冲，右腿的伸肌被动拉长做退让工作。在这一阶段，投掷者应适时减小缓冲时间，但也不能时间过短，否则右腿伸肌没有充分拉长，蹬地的力量将大大减小，加长蹬伸用力的时间，加快蹬伸动作的速度，这对于提高投掷成绩具有积极的影响。因此，交叉步右脚着地后及时有力的蹬伸动作和左脚的主动快落是助跑与用力紧密衔接的技术关键。

虽然不同水平的男女运动员的右腿单支撑的总时间较为接近，但其中三个阶段的时间比例存在明显差异。高水平运动员的缓冲阶段较短，蹬地时间较长，二者的比例为 1 : 0.85；低水平运动员缓冲时间较长，蹬地时间较短，二者的比例为 1 : 0.38，这可以作为评价右腿动作的一个客观标准。在优秀标枪运动员投枪时的最后一步中，存在着人体重心速度下降的现象，但速度下降的幅度不应过大。

投掷步各步的步长与步时：投掷步各步的步长和步时决定了投掷步的速度，形成了一定的动作节奏，并对最后用力动作效果产生直接或间接的影响。

运动员在投掷步各步的步长及步长的比例上有较大的差异，但在步时的变化上却较一致。即投掷步的前两步较快，在引枪的同时尽量减小速度的损失；交叉步的步时较长，步频较慢，以便于为最后用力做好准备；最后一步的步长较小，步时最短，步频最快，以利于助跑与用力的衔接。

对于身材高大的运动员来说，采用较大的步长和稍慢的步频组合也能达到较高速度，并能有较充裕的时间完成动作，因而较为适宜；对于身材较为矮小的运动员来说，也可以采用中等步长和较快的步频组合方式达到较快的助跑速度。但如果步长过小，则会使步时缩短，蹬地动作不够充分，完成动作较为仓促，从而影响动作的实效性。

现代世界优秀标枪运动员在投掷步阶段所表现出来的运动学特征，可以概括为"低、平、快"。具体来说，即助跑时身体重心的腾起高度相对较低，人体运动的轨迹较平，助跑的速度较快，特别是要求人体和器械具有较高的水平速度，并与最后用力的衔接较好。在此阶段，如果人体和器械出现过大的上下起伏是没有任何意义的，只会造成水平速度的损失。

三、最后用力

最后用力是标枪加速的主要阶段。器械在此阶段获得的速度约占出手速度的70%。最后用力的任务是充分利用助跑的速度，在一定的工作距离内将最大的力作用于标枪纵轴，使标枪在出手瞬间达到最高速度，并沿合理的出手角度飞行。

（一）发力时机

交叉步右脚着地后，身体随惯性前移，当身体重心移过右脚支撑点上方而左脚尚未落地之前，右腿开始了蹬伸用力。这时右腿主动蹬地，使髋部加速前移，髋轴向投掷方向转动，进一步扭紧和拉长了躯干肌群。小腿与地面保持较小夹角，以防止重心过早上移。与此同时，左臂向左前上方摆动，左肩仍内扣，限制肩轴过早转动。

此阶段加快右髋水平速度具有十分重要的意义。很多研究结果表明，最后一步时右髋的水平速度是衡量投掷成败的重要检查指标，是影响掷标枪成绩的主要因素，与成绩显著相关。

投掷步与最后用力的衔接是技术的难点，良好的衔接动作能减小最后用力前身体重心水平速度的损失，提高助跑速度的利用率，有利于最后用力前合理准备姿势的形成。为了做好衔接动作，运动员在做交叉步时身体腾空不要过高，在右脚着地后要及时发力蹬伸。右腿蹬转即将结束时，左脚靠近地面快速向前迈出，向前落在前方稍偏左的位置，距右脚的横向距离为20～40厘米。为了保证人体动量更有效地传递给器械，最后一步左脚要快速落地并制动。因此，最后一步用时较少，步长较短。左脚落地时先用脚跟着地，再过渡到全脚，这时左膝接近伸直。

（二）最后用力的动作机制与顺序

左脚着地后，左腿做出有力的制动，形成从左脚到左肩的左侧支撑，为髋部和躯干肌群收缩提供了稳固支点。因此，左脚着地后的人体用力动作是最后用力的最有效阶段。左脚着地后，右脚继续蹬地，在惯性的共同作用下使右髋加速向投掷方向转动，使髋轴超过肩轴，并带动肩轴向投掷方向转动，躯干转向投掷方向。左臂摆至体侧制动，加快身体转向投掷方向的速度。在右臂持枪转肩的同时翻右肩，右臂旋外肘上翻，上体转为面对投掷方向，躯干呈背弓形状，形成"满弓"姿势（图47）。此时投掷臂最大限度地留在身后，肩部肌群充分拉伸。投掷臂与肩同高，与躯干接近成直角。"满弓"形成后，由于向前的惯性作用，身体重量大部分已移至左腿。

"满弓"后，左腿在小幅度地屈膝缓冲后迅速蹬伸，胸部快速前振，以胸部和右肩带动投掷臂向前，上臂、前臂、手腕和手指相继快速挥动，完成"鞭打"动作，将标枪掷出。最后用力的顺序为腿—髋—躯干—肩—肘—腕和手指。"鞭打"用力要通过标枪的纵轴，控制标枪于最佳的出手角度出手（最佳出手角度在 32 度左右，手指在标枪出手瞬间的拨枪动作可以使标枪沿自身纵轴按顺时针方向自转，提高标枪在空中飞行的稳定性。优秀运动员最后用力的时间（从左脚着地至标枪出手）为 0.10 ~ 0.12 秒，对标枪的用力距离可达 2.10 ~ 2.30 米。

"鞭打"是掷标枪用力的重要动作特征，是发挥人体生物力学优势的核心。以髋关节为轴的躯干"鞭打"动作和以肩关节为轴的投掷臂"鞭打"动作与左腿有力的支撑动作相配合，构成一个完整的人体运动链。在最后用力的过程中，首先是腿部蹬伸用力和髋部的加速，然后是这个运动链上的各环节从下到上依次实现加速—制动—减速—动量传递的过程，最后传递给器械，使标枪达到尽可能大的初速度，从而飞得较远。

（三）身体左侧的支撑与用力

在最后用力的过程中，左腿的制动和支撑用力动作十分重要。左腿的作用主要表现为两个方面：其一，制动性的支撑动作。左脚落地后，左腿采用强有力制动性的动作，可大大加快上体和标枪向前的速度。其二，在时间极为短暂的屈膝缓冲后的快速蹬伸，使人体和标枪获得向上的垂直速度，使标枪具备合理的出手角度和较大的出手速度。因此，左腿的动作对于创造优异成绩起着至关重要的作用。没有快速、积极、合理的左腿制动和支撑用力动作，要完成有效的最后用力是不可想象的。

对左腿动作的动力学测试表明，左腿在最后用力过程中其动作也可划分为三个阶段，即制动性支撑—被动屈膝缓冲—快速蹬伸用力。

通过左腿在最后用力时的制动动作，一方面，可以有效地把助跑的速度转化为标枪的出手速度；另一方面，通过屈膝缓冲动作，把助跑时人体获得的一部分动能转化为肌肉的弹性能，再通过肌肉的收缩和动量的传递转换为标枪的出手速度。在最后用力过程中，左腿的积极蹬伸，在标枪出手时左腿膝关节的充分伸直，对于动量的传递会产生重要影响。

综上所述，在最后用力中左腿的作用是整个最后用力动作的基础，教练员和运动员应在训练中采用有效手段发展左腿的爆发力和改善用力的动作。由于在比赛条件下不可能对运动员进行现场测试，一般可以通过观察和测量最后用力时左膝的角度变化来间接反映左腿用力的情况。

在最后用力的过程中，左臂的动作也起着不可忽视的作用。在右腿蹬伸用力送髋时，左臂保持在身体的右前方，可加大肩轴与髋轴的扭矩。在左脚着地后，左臂沿着左上方，向着身体左侧加速摆动和适时制动，可加大胸部和右肩带肌肉的伸展，增加肌肉的张力，使躯干快速转向投掷方向，并加快身体右侧向前的速度，从而提高标枪的出手速度（图17）。

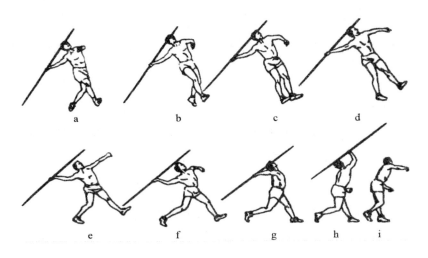

图 17 标枪投掷出手时的一系列动作

（四）用力的方向

最后用力过程中，运动员鞭打动作的用力方向应通过标枪的纵轴。

近几年，世界一些优秀运动员越来越重视最后用力前加大躯干扭转程度对提高用力效果的作用，他们依靠加大扭转幅度和速度来提高躯干肌群的扭紧程度，大大提高肌肉的张力和收缩速度，从而提高器械出手速度。由于这种技术需要运动员具有较强的躯干力量和较好的爆发力，因此，多为男子运动员采用。采用"扭转掷枪"技术时，运动员在倒数第2步（交叉步）时要努力增大身体右转的程度。当最后用力左脚落地后躯干绕垂直轴向前转动的同时，快速完成躯干的向前"鞭打"动作。

四、维持平衡（缓冲）

标枪出手后，运动员必须迅速阻止身体继续向前运动，以防止犯规。标枪出手后，右腿及时跨出一大步，降低身体重心，同时上体前倾，两臂自然摆动，以维持平衡。有时还需再继续跳 1～2 小步，才能使身体向前运动完全停止。世界优秀运动员最后一步左脚着地点至投掷弧的距离一般在 2 米左右。

技术练习

对于标枪投掷者，需要强调三个方面的身体素质训练：技术、柔韧性和力量。体能较弱的投掷者尤其需要加强技术能力训练，例如，如何在提高动能的同时保持好的投掷移动。

常常被人忽略但又极其重要的训练是提高身体某个特定部位和一般柔韧性训练。人们常常忽略了持较轻标枪需要通过长距离助跑才能将动能转移的事实。20 世纪 60 年代杰出的匈牙利投掷运动员戈哲力·卡尔斯卡曾经说过："力量小常常是一种优势。"他的意思是投掷者需要掌握好的投掷技术。由此可见投掷技术是多么重要。

前世界纪录创造者阿尔·坎泰罗就曾问道："投掷 0.8 千克重的标枪需要怎样的身体条件？"

大量身体不够强壮的投掷者需要提高发力技术的同时，还需要掌握交叉步和投掷出手的时机，所有的动作必须流畅以期达到最佳效果，绝大多数的投掷练习需要分步骤完成，以便掌握动能如何从助跑转移至交叉步，再到标枪。初学者可以采用 5 步练习法：L－R－L－R－L，代表助跑、跳、投掷、支撑（以右手投掷者为例）。原地投掷只适用于锻炼上肢力量的人。

决定标枪投掷远近的关键因素为下列两个：

（1）投掷出手的速度。

（2）身体重心加速前移并形成牢固的左侧支撑。

投掷者训练时应将时间花在上述技术要领上，可通过不同的训练方法提高投掷出手的速度。技术、柔韧性和力量训练都可以提高运动员的投掷出手速度。身体重心的加速移动训练主要通过技术训练实现，在完成技术练习的同时力量/投掷速度也会得到提高。做到前移身体重心并锁住同时不损失动能并不容易，但它确能大幅提高出手速度。使用压力盘对优秀运动员进行测试，我们发现，同右腿特意用力蹬相比，运动员正常投掷时右腿运动的压力读数小（没有压力施加——即轻移步），而其投掷出手的速度更快，投掷得更远。弹性反射让运动员投掷出手时更放松，右腿落地时左侧身体锁住，水平动能不减。投掷者需要培养从移动到锁住过程中放松身体肌肉，特别是肩和手臂。肌肉紧张导致肌肉收缩，使身体不能充分展开，无法达到投掷出手所需的加速姿势。完美的投掷从左、右脚几乎同时落地开始，左脚落地时右手尽量向身后伸。

投掷的各个动作可采用不同的练习方法和不同重量的器械加以训练。例如，重的实心球（重3~4千克，或7~9磅）和重的标枪（超过标准标枪重量200~400克或0.5~1磅）用来掌握臀部和双腿的动作。轻的器械（标准重量或低于标准重量）用以培养投掷者需快速移动的部位，如肩的用力和手臂的挥臂。考虑到在助跑和交叉步期间发展动能，并将动能在支撑身体投掷时转移至标枪，进行技术训练十分有益。从助跑开始至投掷出手，投掷者和标枪需要融为一体，同时运动。

实心球、重力球和标枪投掷

原地双手掷实心球（2~4千克或4~9磅重），然后走几步掷球，体会身体重心如何移动以及动能如何从臀部上移至肩和手臂。通常情况下，训练早期使用较重的球，随着技术逐渐熟练，则可使用较轻的球并加快动作的速度。开始时使用较重的球可以让训练者推送时有对抗感，也就让练习者更轻易体会投掷的整个过程。这种情形很微妙，体会动作感觉的同时还要融入其中，所以首先要花时间体会动作的感觉。

双手掷实心球练习之后，便是单臂掷重力球（0.8~1千克或2~

2.5 磅重）或稍重的标枪。一开始从原地掷球，然后走几步掷球，以便更贴近真实的投掷。做任何一个练习时，都必须专注于技术要领。动力定型正是在这些练习中逐渐形成，它决定了投掷结果。所有的练习都是由身体的大肌肉群产生动力，然后向上转移至肩（手臂）运动。

1. 原地掷实心球

练习的要领是将手臂尽量拉长。也就是说，手肘不能弯。屈膝在掷出实心球前身体形成一个大大的反弓形（图18）。

图18　原地掷实心球

2. 转体掷实心球

在这个练习中，双臂绕大圈，臀部转至球前。掷球过程中及早转动后脚（图19）。

图19　转体掷实心球

3. 三步掷实心球

在三步掷实心球练习中，最后一步右脚与左脚落地时要快，保持臀部前移直至掷出球（图20）。

图20　三步掷实心球

4. 单臂投掷

对于标枪投掷者来说，最好的练习就是投掷练习，所有的技术练习最终目的是完善投掷技巧和其中的某个特定环节。如标枪和重力球等较重器械（超过标准标枪重量0.1～0.4千克或0.25～1磅），其使用目的是增加投掷力量，掌握"奋力一掷"的节奏，并提高身休特定部位的柔韧性。这些练习可以原地完成，也可以三步完成，或是助跑完成。冬训时，最好对网或墙做掷球练习，而不是掷标枪。这样做的目的是强调投掷技术动力定型，而不是投掷距离，让投掷者体会正确的投掷感觉。标枪投掷时需要将力量正确地运用于投掷出手动作中。

5. 三步掷标枪

这个练习强调臀部水平前移，并且注意在身体停住前转动后脚（图21）。

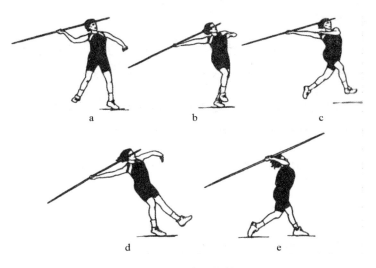

图21　三步掷标枪

助跑和交叉步练习

培养如何形成投掷姿势——即助跑和交叉步练习同样非常重要。跑几步之后再投掷是最好的练习方法之一。反复持枪练习助跑和交叉步，感受整个动作。在任何一个助跑和交叉步练习中，练习的重点应是水平前移身体重心。主要的力量来源是大腿和臀部，而不是脚趾和脚踝。想象一下跑动时膝关节弯曲，带动大腿和臀部前移。这不是冲刺跑训练，上半身落在腿部动作之后，所以练习时不能身体前倾。这个练习与其他投掷练习一起共同组成了标枪投掷者的训练。这个练习不仅培养了所需的力量，还加固了投掷技巧。花在这个练习上的时间应是其他任何一个练习的双倍。

起跑练习能改善标枪投掷出手姿势所需的前移和交叉步。这一阶段出现的问题应逐一通过练习加以纠正，然后便可开始整个投掷动作的练习，将所有的分步动作组合成一个完整的投掷。反复练习跑、后撤以及连续交叉步。交叉步练习时，需要强调某些特定的动作，如左腿离地、右膝驱动和双腿伸展。

模拟练习

模拟练习是模仿某个投掷动作的练习，目的是培养身体某个部位的柔韧性。拉弹力绳、拉滑轮、挥斧头、挥锤或由同伴协助完成对投掷的某些特定方面的练习均有益。这些练习准确地模拟投掷中力量的转移。根据练习的要求从腿部动作开始，转体呈某个姿势，然后肩手臂挥动结束整个动作。模拟投掷姿势拉弹力绳，向投掷方向挥杠铃片，以及对头部前上方目标挥斧头、挥锤等练习都十分有益。

1. 拉弹力绳练习

开始时向下压膝，然后绕髋部转动肩膀。这个练习目的是掌握如何将身体重心自如、平稳地转移至其支撑作用的左侧身体（图22）。

图22　拉弹力绳练习

2. 挥杠铃片练习

大幅弧形挥杠铃片，通过下压（转动）右膝，转髋部，将重心移至支撑腿左腿（图23）。

图23　挥杠铃片练习

3. 挥斧头练习

大幅弧形挥斧头，同挥杠铃片练习。然后转肩，同拉弹力绳练习（图 24）。重心落在左脚上之后再挥打目标物。

图 24　挥斧头练习

4. 想象投掷画面

"想象投掷画面"强调投掷的心理学暗示。技术训练重点是培养某个投掷技术。然而，投掷运动员进行一系列动作（助跑、转体、投掷出手、结束并维持身体平衡）。在完成这些动作时他们的表现不一。每名运动员都有自己的风格，并重点放在自己需要掌握的技术上。

观察自己的投掷录像对纠正错误动作很有价值。同时，录像可以形成自己投掷风格的画面。从这一基本想象中，投掷者可以不断想象自己完成正确投掷技巧的画面。如此一来，投掷者可以在家进行成千上万次的投掷"练习"。这种方法常常被大家忽略，但它的确非常有价值。知道自己需要做什么会让训练变得更简单。不过，想象练习可能不是看上去那么简单，花时间（15~30 分钟）专注于想象并形成习惯，这也需要练习。

柔韧性练习

身体具有良好的柔韧性可以通过加大标枪投掷的动作幅度，从而增加其投掷距离。模拟投掷动作，增加身体特定部位的柔韧性是提高技术的一个大问题。投掷者需要提高用于投掷动作的身体部位的柔韧性。动作幅度越大，投掷结果就越理想。

投掷模拟练习

投掷模拟练习可以使用弹力绳、标枪或滑轮向后拉手臂（肩膀），同时推转髋部形成支撑状。做这些练习时，从腿部动作开始，主动前移下半身。尽可能拉开支撑脚与投掷臂的距离。除了模拟练习，还需增加技术练习部分。如图25，用标枪拉伸身体。下面有些练习需要同伴协助，以达到正确的姿势并增加相应的外力。

1. 髋部和肩的弓步练习

下沉或翻转右膝，带动髋部至支撑位。用标枪使肩保持在后（图25）。

2. 同伴背靠背拉伸练习

在这个练习中，同伴抓住将练习者的手和手腕，前倾身体，弯腰，进行拉伸（图26）。

图25　髋部和肩的弓步练习　　　图26　同伴背靠背拉伸练习

3. 有同伴单臂拉伸练习

在这个拉伸练习中，髋部不动，单腿拉伸跪地。左肩保持不动，由同伴协助向后拉伸右肩（图27）。

专项柔韧性练习

专项柔韧性练习目的是提高用于投掷身体动作的身体部位的动作幅度，需要重点关注的部位有肘部、肩膀、下腰、脚踝和腹股沟，他们在投掷过程中需要高度拉伸。柔韧性练习同伴的协助，以模拟投掷出手时极度扭曲

图27　有同伴单臂拉伸练习

的身体姿势。除上述练习之外，下面还列举了一些肘部、胸部和肩部（有同伴协助）、髋部以及后背的练习。

1. 持枪肘部拉伸练习

举起标枪后端，加以拉伸（图28）。

2. 有同伴胸部和肩部拉伸练习

俯卧，双手抱头，同伴从后拉住双肘，进行胸部和肩部的位伸，同时下腰也得到拉伸（图29）。

图28　持枪肘部拉伸练习

图29　有同伴胸部和肩部拉伸练习

3. 后弓腰练习

仰卧，双手过头顶，双膝弯曲，用手支撑起身体，形成一个拱形。向上顶髋部，加以拉伸（图30）。

4. 肩部拉伸练习

向前推送髋部，拉伸肩部（图31）。

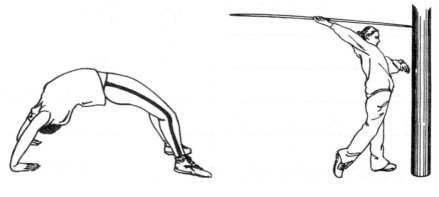

图30　后弓腰练习　　　　　图31　肩部拉伸练习

一般柔韧性练习

一般柔韧性练习是指提高身体柔韧性的一般方法，它通常涉及一些大幅度运动。游泳和杠上体操或地面体操是一般柔韧性练习的最佳选择。

力量训练

力量训练有不同的方法，主要有专项力量训练、一般力量训练和竞技力量训练三种，它们对投掷者完成最佳的技术动作和提高运动成绩都很重要。因此运动员需要根据自己的身体情况决定力量训练的分配：花费时间便可见效的当属专项力量训练，它同时还涉及技术训练。投掷者往往过分注重一般力量的培养，所以导致其力量水平超过其技术水平允许的范围，结果造成运动损伤。

专项力量训练

特定练习的训练通过投掷器械模拟投掷动作。培养运动员投掷耐力的练习能够纠正错误动作，并固定重要的技术动作。拉滑轮、弹力绳或挥斧头（锤）对培养运动员的专项力量十分有益。一些专项力量练习有效模拟了部分投掷技术环节，增加运动员的爆发力。技术要领和爆发力在投掷中的重要性不言而喻。过顶提拉练习、杠铃片绕转练习。实力举、抓举都可用于提高专项力量，从而最终提高投掷运动成绩。爆发性的跳跃练习，如跳栏、立定跳、深跳以及立定三级跳都是投掷运动员的必修课。这些跳跃练习应尽量逼真地模拟标枪的投掷节奏：脚快速、短促地接触地面，但在这一短暂的时间内同时完成很多其他动作。跳跃时应强调速度（不妨想象一下"赤脚踩在热炭上"）。训练的最终目的是提高标枪的投掷距离，因此在设计训练课时需要不断地问自己：我（我的运动员）设计做这个练习是为了提高什么？

1. 绕转杠铃片

双膝弯曲，锁住髋部，将双肩、杠铃片和头部作为一个整体，绕转（图32）。

a　　　　　b　　　　　c　　　　　d

图32　绕转杠铃片

2. 跳深

从高 18 ~ 36 英寸（46 ~ 91 厘米）的跳板上落下，快速反弹离开地面，向前跳（图33）。

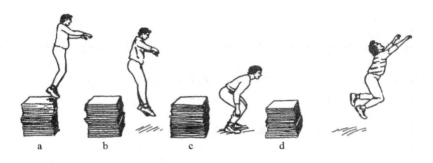

图33 跳深

3. 过顶提拉

伸长手臂，肘部慢慢弯曲。从胸肋处用力提拉杠铃，而不要用肩部发力（图34）。

图34 过顶提拉

一般力量训练

一般力量可以通过举重练习得以加强。举重练习可分为力量举重、奥林匹克举重和辅助举重。

力量举重包括一些传统的练习，如蹲起、平板卧推、坐推、过顶提拉、蹲举、坐拉、坐提拉、上拉、高翻、持器械弓步及踏板等。

奥林匹克举重具有竞技特点，运动员常常通过抓举和实力推练习来提高投掷成绩。

辅助举重对标枪运动员十分重要，它是加强投掷动作之间联系纽带的关键。常见的练习包括单手或双手绕转杠铃片，髋部抓举及体前后过顶绕。

举重练习课内容千差万别，运动员可在一次训练课上综合不同类型的举重练习，也可专注于其中的一种。

值得注意的是，随着赛季的临近，运动员应重点提高速度，减少力量训练。

1. 双手绕转杠铃片

原理同实心球投掷。手臂绕大圈，髋部随之前移（图35）。

图35 双手绕转杠铃片

2. 髋部抓举

杠铃位于髋关节，从转动手腕开始动作。双肩不动，提拉上举杠铃
（图36）。

图36　髋部抓举

3. 体前后过顶绕

双手宽握杠铃，从悬提开始，平稳地过顶至身后、后背成弓形。然后开始反向动作，回到原位。这是一个高级练习，只有拥有高水平体能的投掷者可以练习（图37）。

图37　体前后过顶绕

竞技力量训练

竞技力量训练目的是掌握力量的应用，主要由一些具有爆发性的练

习组成，如跳跃、跨越障碍物、投掷铅球、冲刺跑和体操等：竞技力量训练可由诸如篮球这样的体育项目开始，但到赛季前这段时间，则需要加大训练强度，增加力量练习。跳栏、冲刺跑、交叉步爬坡、地面练习、杠上练习、铅球投掷等均可培养力量和节奏。而力量和节奏决定动力的传送，从而最终影响投掷的结果。这种训练还能培养运动员在放松状态下的速度，使运动员在保持身体弹性的同时在短时间内提高速度。

参加比赛的战术

比赛前的准备

1. 调整方法

由于个体差异，安排赛前的调整练习也不尽相同，但基本都是从赛前1周之前开始。可以清楚地看到这一阶段的训练具有"训练量明显降低"、"利用一定的量和强度给肌肉以良好的刺激"的特点。到什么程度，要根据自己的检验确定，但一定要对调整方法充满自信。

提出以下建议：

（1）为了了解自己的赛前状况，可以安排一定次数的身体测试。测试可按前述瑞典的体能测试方法进行，并从立定五级跳、30米起跑计时、立定跳远、短助跑跳远、4千克铅球（女子7千克）后抛等项目中选择3~4项进行测试。

（2）赛前2~3日可进行爆发用力的力量练习，给肌肉及神经系统以良好刺激。练习次数为1次，以第2天无疲劳感为准。要注意极限强度的练习，开始可用90%~95%的强度，练习要有速度。

（3）技术训练的个体差别更大。有的欧洲优秀运动员在临近比赛时，能有1周时间不握标枪，以图增强投枪的欲望。也可以试一试在比赛前一天做全力投，并进行力量练习，保持对身体的良好刺激。

2. 模拟训练

对于运动员来说，"比赛时发挥不出自己的实力来"、"遇到大的比赛就失败"是很苦恼的事，特别是平时练习成绩很好的运动员。

能够在比赛中全部发挥出自己实力的人很少，人如果把自己的潜能全部表现出来，那将危及生命安全。所以，科学地看待一般人的"全力"，大约为60%，而有相当运动训练水平的人，可以达到80%。从另一角度看，人的体能发挥留有余地的话，对保护身体健康是有益的。我们首先应该知道自己发挥体能的可能性到底有多大。

这种可能性在很大程度上取决于心理因素，也就是说积极的心理状态非常重要。以下是根据模拟比赛培养心理状态的建议。

第一阶段：模拟比赛

在日常的练习中，每次投枪都应当像参加比赛时那样认真。临近大型比赛，要有1~2次与比赛相同时间的模拟训练，包括检录、试投、比赛间的休息等。这时最好也有对手和观众，或者想象比赛场面，提高自己的兴奋性。

如果进行得不顺利，要认真寻找失败的原因（助跑不顺、观众的喧哗影响注意力、其他的运动员第1投就破了纪录等），同时也要总结成功之处。在模拟比赛后一定要消除消极的负面表象，保持"下次一定会成功"的正面表象。此外，还要进行雨中的模拟比赛，或想像下着雨，把手全湿了，如何进行比赛等。

第二阶段：现场模拟训练

不管对比赛场地熟悉还是不熟悉，都应该了解整个场地的情况，如检录处的位置与标志等，确认准备活动场地、检录处、助跑道投掷方向的情况等，设计好住所—准备活动场地—检录处的转移计划和需要的时间，并且如同参加比赛一样在赛前进行一次实地模拟。此外，还要考虑到晴天、雨天等因素。

第三阶段：心理训练模拟

放松法。握手松弛法、呼吸调整法、神经自律法等，这里只选取简单的呼吸法。像睡觉一样，后背紧紧贴在墙壁上，闭目，做几次深呼吸，然后慢慢吐气，反复做，想像自己的紧张从头上向下全部渗出。在熟练之后，要确认自己进行表象（这里是指设想、规划出来的情景，有助于实际动作的完成）时的要点。

根据现场模拟所获得的信息，站在助跑道上对运动场的情况进行表象（对比赛时的空气、风向、观众的声音、参赛选手等实像进行表象）。

对投掷动作的表象有两种，其一为站在助跑道上，想象自己是场外的观众；其二为从自己的角度对自己的动作和投掷方向的情况进行想像。从容易做的地方入手试一试。

具体技术的表象是想像自己迄今为止最好一次投掷时的心理状态和实际投掷的速度，想像当时的肌肉动作、标枪的重量、穿钉鞋摆动的感觉以及场地周围的情况等。只限于正确的、正面的表象，反复进行多次（表象的不是世界纪录等成绩，而是自己有实现可能的目标）。

在熟练之后，不仅投掷过程可以表象，从准备活动到检录、试投状况乃至上领奖台领奖，所有成功的情景都可以表象。"失败怎么办、成绩失常怎么办"以及"没有劲、左侧撑不住"等消极的表象一定不要有。

在头脑中对技术动作进行多次表象后要放松2分钟，然后再做集中注意力练习3分钟，这样做2~3组。

比赛日的安排

1. 比赛日的行动预定表

从早晨起床瞬间就开始进入比赛了。这虽说有些夸张，但这种谨慎的做法对心理会有好的影响。

比赛最忌讳的就是"焦虑""不安"，就是检录迟到也会对心态产生微妙的影响。根据现场模拟所了解的情况，制定比赛前的行动预定表，明确这一期间的时间与行动，使精神更集中于比赛。

2. 练习场地上的准备活动

比赛的准备活动是在日常准备活动的基础上，增加精神的、情绪的准备，不一定有多复杂，只是比通常的时间长些，在较慢和放松的活动中，使身体逐渐进入最适宜的兴奋状态。

方法及注意事项：

（1）交替进行走、放松慢跑、跑跳步练习约 10～15 分钟不要为他人（特别是标枪运动员）的活动所干扰，造成精神涣散，必要时可到场地小一些、人少一些的场地去做准备活动。

（2）伸展运动，特别是髋关节、肩、颈、背、腰（10～15 分钟）。也可使用皮条等进行。

（3）轻松加速跑＋有节奏的小步跑，连续交叉步（由慢到快）。

（4）投掷练习（20～30 分钟）。

如果有练习场地，可以投掷标枪。如果没有，可以做不持枪的准备活动，进场后也可以做投枪练习。

方法：

使用皮条做引枪、转腰等练习。

使用标枪重量 1/2～2 倍的物体（铁球、重球）站立投 5 步交叉投

（准备 2 个，由重到轻）。

在镜子或玻璃前做交叉步接挥臂动作模仿（什么也不持，慢动作由轻到全力）。

根据天气、气温和个人情况，在时间、内容上有所差异，可以用出汗量来判断（额上的汗向下流淌，说明他准备活动过大）。因为入场后还要有练习投，所以准备活动不能完全做开，达到 80% ～ 90% 就可以了。

3. 从检录到试投

更换因准备活动出汗湿了的运动服，开始检录。有人把汗擦干、换上带号码布的背心检录，也有人在进场练习投结束后再换背心。

进入检录处还有一段富余时间，根据裁判员的安排坐在运动员席上，做一些伸展活动。此时，心情要逐渐平静下来，为了集中参赛的注意力，可以做短时间的心理练习。如果检录处附近有玻璃窗，可再次对着做一下挥摆动作的检查。

进入比赛场地就要有一种独立的心情，一种我是强手的感觉。换上钉鞋、丈量步点、设置标记、试跑 2 ～ 3 次之后，用最大速度助跑 1 ～ 2 次，试一试交叉步。练习投（大型比赛有 2 次机会）时，标枪出手要略低一些，将意识集中于技术要点上，远度约为最好成绩的 80% ～ 90%，注意标枪的飞行状况。可以做 1 次短助跑投，做 1 次全程助跑轻投。即使有多次练习的机会，也不要过分，大约 4 ～ 5 次就可以了。在比赛中，按照比赛顺序要在自己前 2 ～ 4 人试投时，就开始准备。

4. 比赛时的行动

先手必胜。东京世界田径锦标赛上，金努宁（第 1 投就以 90.92 米刷新自己的纪录）第一投就投出了自己比赛的最好成绩。

从以往创造男子世界纪录时的比赛看，1961 ～ 1984 年纪录更新了

11 次。其中，第 1 次试投更新纪录 4 次，第 2 次试投 6 次，第 5 次试投 1 次，基本上都是前 3 次试投创造的。

如果有预赛，要有"3 次投掷决胜负"的心理准备，而第 1 投就更重要。其实用不着紧张，岂不知"第 1 投慢一点就是幸运"，试投之前做最后的心理模拟（约 30 秒左右）再做成功的一投。进行心理模拟集中注意力最好的人是三级跳远运动员维利·班克斯，他通过观众的掌声来提高自己的注意力，还经常采用呼吸（深呼吸）、伸握拳等多种方法。运动员应该在训练中探索出最有效、最能集中注意力的方法。

在比赛间歇，要保持冷静，检查一下前一次投掷的状况，想一想下一轮比赛的技术要点。考虑的不要太复杂，在自己前面第 4 名选手试投时，做一些轻微的放松练习和一些短时间的快速动作及快速摆动练习，用以刺激身体。如果前面第 2 名选手试投结束，就要做试投准备了。

比赛中尽可能地不去看其他运动员的比赛，只对自己的速度、节奏等进行表象。

"高尔夫之王"加库·尼克拉乌斯说："我之所以幸运，与其说是因为压力，不如说是具有'感谢幸运'的心情。对谁也是一样，压力就是紧张……如果总是愉快地参与，胜利就属于他。"

比赛结束后要做的事

1. 身体方面

30 次的训练、比赛中的 6 次试投对于身体哪个负荷更大？回答是比赛。虽说只有 6 次全力投，可是对于身体，包括准备活动、练习投以及局部（特别是肩、腰、肘）的一定程度的损伤。

在标枪比赛中，试投后的第一件事就是要保持体温。有人同短跑运动员一样不在意对身体的维护。为了下一次试投，一定要做一些放松慢跑和加速跑。

比赛后的第二天许多人就停止训练，完全休息了。积极的做法是：

（1）比赛能够发现自己的长处和不足，好容易通过调整达到身体最佳状态以参加比赛，不充分利用实在遗憾。所以，在残存昨天比赛痕迹的基础上，进行技术检测（用50%～60%的力量投）。

（2）进行力量训练，对肌肉进行刺激与矫正。练习项目为大肌群练习的抓举、半蹲、卧推（最大力量的50%～70%×3～5次×5组）以及肩、背肌、腹肌项目30～40分钟。力量训练之后必须进行100米的快速跑5～7次。第二天完全休息或游泳等积极性休息。

2. 表象与技术检测

比赛结束后，要与教练员根据录像一起总结比赛情况，回忆描述实际动作和失误，提出今后的改进意见和下次比赛的注意要点。

3. 综合心理检测

比赛与精神、心理因素有高度的相关关系，不同水平的运动员的表现也不相同，有明显的个体差异。对于初学者，如果能将比赛中的心理状态具体地记录下来，对下一次乃至今后是十分有益的，更是一笔巨大的财富。取得好成绩时的心理状态，可成为以后心理训练的依据。成绩差时的心理状态，则可以用以对心理训练的反思。

运用综合心理检测的方法，通过多次的检测和在比赛中的验证，以确认个人的最佳心理状态。

综合心理检测是心理训练的第一阶段，用于动机分析。

综合心理检测程序：

（1）运动会的名称、纪录、成绩等用粗线圈起来写在中央。

（2）闭目将比赛中的事情（天气、身体情况、比赛气氛等）用语言表达出来，并将此时所考虑的问题、情感全部记到卡片上，用圆圈圈起来，把对技术动作的表象也写出来。

（3）在赛场以外的情况（在这之前的练习、日常生活、与教练员和朋友之间）也写下来。

（4）把写下的内容卡片摆好，内容相关的用线连接起来。密切的用实线，不很密切的用虚线。

（5）完成之后进行分析，可以发现心理状态的倾向。

PART 7 裁判标准

链球运动的裁判标准

一、任务

掷链球裁判的任务是在田赛裁判长的领导下，根据《国际田联手册》的有关规定，负责实施掷链球比赛的裁判工作。

二、编制

（1）主裁判 1 人。

（2）裁判员 5 人。

（3）记录员 2 人。

（4）管理裁判 2 人。

（5）计时员 1 人。

（6）丈量员 2 人。

（7）计算机终端操作员 2 人。

（8）服务员 4 人。

三、职责

(一) 主裁判的职责

(1) 执行《国际田联手册》中的有关条款，重点注意规则中有关链球比赛的各项规定。

(2) 领导本组成员认真负责地完成各自的工作任务。

(3) 规定旗示、记录符号，提出所需器材、用具清单。

(4) 检查场地、器材和仪器设备。

(5) 掌握比赛情况，控制比赛进程，处理比赛中发生的问题。

(6) 接收引领员带入的运动员，并向他们提出要求。

(7) 检查比赛成绩并签字。

(8) 监察内场裁判员的判决工作。

(9) 听取技术官员的意见，及时改进工作。

(二) 裁判员的职责

1. 内场裁判员的职责

(1) 掌握比赛时间，控制比赛进程。

(2) 同主裁判协作，根据《国际田联手册》判定试掷是否成功，并以旗示表明。

2. 落点主裁判的职责

(1) 管理落点裁判员。

(2) 负责判定链球落点，并以旗示表明。

(3) 指挥服务员将链球送回内场。

3. 落点裁判员的职责

(1) 判定链球是否完全落在角度线内沿以内和确切的落点位置。

（2）在分工负责各自落地区的基础上，2人协助落点主裁判押记链球的落点，1人（居中的落点裁判员）负责放置丈量反射标记。

（三）记录员的职责

1. 主记录员的职责

（1）核实运动员的试掷顺序。

（2）记录、复诵运动员的试掷成绩。

2. 检查记录员的职责

（1）监察主记录员的记录结果是否准确。

（2）独立记录运动员的试掷成绩，并通知计算机终端操作员。

（3）显示试掷运动员的号码、轮次和成绩。

（4）操作内部通讯系统，有事立即报告主裁判和有关裁判长。

（四）计算机终端操作员的职责

（1）将赛前录入的运动员成绩记录表与检录单核对，并显示在终端屏幕上。

（2）录入运动员的试掷成绩。

（3）计算机终端操作员2人，1人负责录入，1人负责检查。

（五）计时员的职责

（1）执行规则的有关规定。

（2）根据内场裁判员的旗示操作计时器，当试掷时限剩下15秒时举黄旗向主裁判示意。

（六）丈量员的职责

（1）执行规则的有关规定。

（2）操作测距仪，报告试掷成绩。

（七）管理裁判的职责

1. 检录管理裁判的职责

（1）协助检录员做好检录工作。

（2）陪同临时请假的运动员离开比赛场地，并将运动员带回继续比赛。

（3）护送比赛结束的运动员到赛后控制中心。

2. 安全管理裁判的职责

（1）协助主裁判组织比赛，通知运动员准备试掷。

（2）维持场内秩序。

四、裁判工作流程

（一）赛前工作

1. 学习规则和竞赛规程

学习并熟悉规则、竞赛规程及比赛的有关文件，了解比赛日程和运动员的成绩情况，掌握比赛的检录时间和地点。如有及格赛，应准确掌握及格标准。

2. 检查比赛场地和器材

检查的主要内容如下：投掷圈内地面是否呈水平，地面是否坚实而不滑，铁圈的直径是否符合规则的要求，落地区标志线的宽度和夹角是否准确，落地区的地面在器械落地时能否留下痕迹。

供比赛使用链球重量和直径是否符合规则的要求，链球的全长是否符合规则的要求，投掷护笼的高度和位置是否符合规则的要求，安放是否牢固，链球碰到护笼时是否会向运动员反弹等。对检查合格的器材应做好标记。

3. 进行工作实习

工作实习的重点是全组裁判员之间的工作配合以及与其他有关各组（如场地器材、检录、赛后）之间的协调。比赛前，全组裁判在主裁判的领导下进行实习。实习时，应按比赛的程序进行，如在比赛中使用电脑和激光测距仪，也应一起进行实习配合。实习后应及时进行总结。

（二）赛中工作

1. 入场与检录

在每一个比赛单元，全组裁判应按大会规定的时间和路线准时整队入场，入场后认真检查比赛场地和器材，提前领取田赛远度项目成绩记录表。根据竞赛规程规定的检录时间（通常在比赛前30～40分钟），指派该裁判组的记录员和管理裁判到赛前控制中心对运动员进行检录。检录时对运动员的服装、号码和所携带的物品是否符合规则进行检查，并注意运动员的手上是否缠有绷带。

2. 组织赛前练习

检录完毕，将运动员整队，按事先确定的路线带至比赛场地。到达比赛场地后，由主裁判向运动员宣布比赛的要求和注意事项，然后组织运动员按比赛顺序进行练习。运动员进行练习时，必须处于裁判员的监督之下。在比赛前2～3分钟停止一切练习，整理比赛场地和器材，所有裁判人员应做好准备，以便开始比赛。

3. 准时开始比赛

按规定时间准时开始比赛。能否按规定时间开始比赛，是衡量裁判工作质量的标准之一。比赛开始前，主裁判站在投掷圈中举旗向场地内外的有关裁判员示意，当确认一切准备就绪时主裁判退至投掷护笼外的适当地点，并由记录员宣布比赛开始。

此时，记录员宣布（如有电动显示牌，还应予以显示）开始试掷的运动员的号码、姓名和轮次，并从这一瞬间开启计时器或秒表，以计算运动员试掷的时限。

4. 裁判员的站位

运动员试掷时，主裁判和助理裁判员应呈对角线的位置分别站在投掷护笼外的左前方和后方，观察运动员在试掷时是否有犯规现象。比赛中，裁判员的正确站位对于完成工作具有重要的意义。

5. 裁判旗示

运动员试掷完毕退出投掷圈后，内场主裁判方可举旗示意运动员的试掷是否有效。当试掷有效时，主裁判上举白旗示意；当试掷犯规时，主裁判上举红旗示意。

6. 判定落点

运动员试掷时，外场裁判员应密切注视链球球体的着地点是否完全落在落地区标志线内沿以内。落点裁判员应在运动员的链球出手后迅速移动自己的位置，在器械落地后尽快赶到地点，以便尽快找到准确的落地位置。当器械落地出现犯规时，外场主裁判应立即上举红旗示意。

7. 成绩测量

当主裁判宣布试掷有效时，内、外场成绩测量员应立即进行成绩测量。测量成绩时，外场测量员应将钢尺的"0"点对冲准链球球体落地痕迹的最近点，内场测量员应将钢尺拉直，并通过投掷圈的圆心。主裁判进行成绩判读时，助理裁判员应在一旁确认，以免判读有误。

8. 成绩记录

当主裁判宣布运动员的试掷成绩时，记录员应大声复述一遍，以保证成绩记录准确无误。在比赛中如果设有计时员或显示器操作员，应对记录员的记录进行监看，以免发生记录错误。

完成成绩测量和记录后，主裁判退至原来位置，记录员宣布下一个运动员开始进行试掷。

9. 比赛中的重新排序

当所有运动员完成前 3 次试掷后，比赛暂停，由记录员选出有效试掷成绩最好的前 8 名运动员，并对其进行排序，然后按与排序名次相反的顺序进行后 3 次试掷。例如，在前 3 次试掷中，有效成绩最好的运动员在后 3 次试掷中应排在最后一个进行试掷。在进行完前 3 次试掷后，应将未进入前 8 名的运动员带出比赛场地或带至赛后控制中心。

10. 打破纪录

在比赛中如有运动员打破纪录时，应暂停比赛，保留器械的落地痕迹和破纪录使用的器械，并立即通知有关裁判长到场审核成绩。

11. 赛场要求

在比赛中，有关裁判员应注意运动员的言行，不允许运动员进行练习，也不允许运动员离开比赛现场或与场外人员交谈。

12. 兼项和请假

运动员有兼项比赛，主裁判每次可允许运动员在每轮次试掷中，以不同于赛前抽签排定的顺序进行试掷。如果运动员错过比赛的试掷，则不应给予其补试机会，应判其该次试掷失败。

(三) 赛后工作

1. 整理、审核并上交成绩

比赛结束后，成绩记录员应对所有运动员的比赛成绩进行检查与排序，主裁判应对该项目的比赛成绩和名次进行认真核对，并交田赛裁判长（大型比赛中，还应交技术官员）签字，最后由记录员将成绩单送交大会宣告员和编排、记录处。

2. 带领运动员退场

比赛结束后，由有关裁判员将前 8 名运动员带至赛后检测中心或领奖处准备领奖和进行兴奋剂检查。

3. 整理比赛场地、器材

4. 裁判员整队退场

5. 进行工作小结

标枪运动的裁判标准

一、任务

掷标枪裁判的任务：在田赛裁判长的领导下，根据《国际田联手册》的有关规定，负责实施掷标枪比赛的裁判工作。

二、编制

（1）主裁判 1 人。

（2）裁判员 5 人。

（3）记录员 2 人。

（4）管理裁判 2 人。

（5）计时员 1 人。

（6）丈量员 2 人。

（7）计算机终端操作员 2 人。

（8）服务员 4 人。

三、职责

（一）主裁判的职责

（1）执行《国际田联手册》中的有关条款，重点注意规则中有关标枪比赛的各项规定。

（2）领导本组成员认真负责地完成各自的工作任务。

（3）规定旗示、记录符号，提出所需器材、用具清单。

（4）检查场地、器材和仪器设备。

（5）掌握比赛情况，控制比赛进程，处理比赛中发生的问题。

（6）接受引领员带入的运动员，并向他们提出要求。

（7）监察内场裁判员的判决工作。

（8）检查比赛结果并签字。

（9）听取技术官员的意见，及时改进工作。

（二）裁判员的职责

1. 内场裁判员的职责

（1）掌握比赛时间，控制比赛进程。

（2）同主裁判协作，根据规则判决标枪试掷是否成功，以旗示表明。

2. 落点主裁判的职责

（1）管理落点裁判员。

（2）负责判定标枪落点，并以旗示表明。

（3）指挥服务员将标枪送回内场。

3. 落点裁判员的职责

（1）判定标枪枪尖是否落在角度线以内和确切的落点位置。

（2）在分工负责各自落地区的基础上，邻近 2 人协助落点主裁判判定标枪的落点，1 人（居中的落点裁判员）负责放置丈量反射标志。

（三）记录员的职责

1. 主记录员的职责

（1）核实运动员的试掷顺序。

（2）记录、复诵运动员的试掷成绩。

2. 检查记录员的职责

（1）监察主记录员的记录结果是否准确无误。

（2）独立记录运动员的试掷成绩，并通知计算机终端操作员。

（3）显示试掷运动员的号码、轮次和成绩。

（4）操作内部通讯系统，有事立即报告主裁判和有关裁判。

（四）计算机终端操作员的职责

（1）将赛前录入的运动员成绩记录表与检录单核对，并显示在计算机终端屏幕上。

（2）录入运动员的试掷成绩。

（3）计算机终端操作员 2 人，1 人负责录入，1 人负责检查。

（五）计时员的职责

（1）执行《国际田联手册》的有关规定。

（2）根据内场裁判员的旗示操作计时器，当比赛时限剩下 15 秒时举黄旗向主裁判示意。

（六）丈量员的职责

（1）执行《国际田联手册》的有关规定。

（2）操作测距仪，报告试掷成绩。

（七）管理裁判的职责

1. 检录管理裁判的职责

（1）协助检录员做好检录工作。

（2）陪同临时请假运动员离开比赛场地，并带回继续比赛。

（3）护送比赛结束的运动员到赛后控制中心。

2. 安全管理裁判的职责

（1）协助主裁判组织比赛，通知运动员准备试掷。

（2）维持场内秩序。

四、裁判工作流程

（一）赛前工作

1. 学习规则和竞赛规程

赛前认真学习比赛的有关文件，了解比赛日程、运动员的人数和成绩情况，掌握比赛的检录时间及地点。如有及格赛，应准确掌握及格标准。

2. 检查比赛场地和器材

检查的主要内容如下：助跑道的长度、宽度以及投掷弧的量度是否符合规则的要求。如助跑道表面未铺设塑胶，应要求助跑道地面具有一定的硬度，以便于运动员进行最后用力的支撑动作。落地区标志线的宽度和夹角以及落地区的地面是否符合规则的要求。对标枪检查的重点应是标枪的重量、枪身各部位的直径、标枪重心至枪尖的距离以及标枪把手等。对检查合格的标枪应做好标记。

3. 进行裁判实习

比赛前，应模拟比赛的情况进行实习，实习的重点是全组裁判员之间的工作配合以及与其他有关各组（如场地、器材、检录、赛后）之间的协调。实习时，应按比赛的程序进行，如在比赛中使用电脑和激光测距仪，也应一起进行实习配合。实习后，应及时进行总结，以保证裁判工作顺利地进行。

（二）赛中工作

1. 检录

按大会规定的时间（通常为赛前 30 分钟）在赛前控制中心时运动员进行检录。检录时对运动员的服装、号码和所携带的物品是否符合规则的规定进行检查，并注意运动员的手上是否缠有绷带。

2. 组织赛前练习

检录完毕，将运动员整队，按事先确定的路线带至比赛场地。到达比赛场地后，由主裁判向运动员宣布比赛的要求和注意事项，然后组织运动员按比赛顺序进行练习。运动员进行练习时，必须处于裁判员的监督之下。在比赛前 2～3 分钟停止一切练习，整理比赛场地和器材，所有裁判人员应做好准备，以便开始比赛。

3. 准时开始比赛

按规定时间准时开始比赛。能否按规定时间开始比赛，是衡量裁判工作质量的标准之一。比赛开始时，主裁判站在助跑道内，举旗向场地内外的有关裁判员示意，当确认一切准备就绪时，主裁判退至助跑道外的适当地点，并由记录员宣布比赛开始。然后，记录员宣布（如有电动显示牌，还应予以显示）开始试掷的运动员的号码和姓名，并从这一瞬间开启计时器或秒表，以计算运动员试掷的时限。

4. 裁判员的站位

运动员试掷时，内场主裁判应站在位于投掷弧的左侧 2 米稍前方的位置，以便观察运动员在试掷时是否触及投掷弧。在比赛中，裁判员的正确站位对于完成工作具有重要意义。

例如，外场主裁判应站在标枪落地区的侧面，以便观察标枪落地时是否枪尖先触地。两名落点裁判员应分开前后站位，相距约 10 米，以便以最快的速度和最短的时间赶到标枪的落点。内场主裁判的位置应站在助跑道的左侧，以便于测量员在助跑道右侧使用钢尺进行测量工作。

5. 裁判旗示

运动员试掷完毕退出助跑道后，内场主裁判方可举旗示意运动员的试掷是否有效。当试掷有效时，主裁判上举白旗示意；当试掷犯规时，主裁判上举红旗示意。

6. 判定落点

运动员试掷时，外场落点裁判员应密切注视标枪枪尖的准确落地位置以及枪尖的着地点是否完全落在落地区标志线内沿以内，落点裁判员应在运动员的标枪出手后迅速移动自己的位置，尽量做到枪落人到。外场主裁判应快速判定标枪落地是否有效。

7. 成绩测量

当主裁判宣布试掷有效时，内、外场成绩测量员应立即进行成绩测量。测量成绩时，外场测量员应将钢尺"0"点对准标枪枪尖落地痕迹的最近点，内场测量员应将钢尺拉直，并通过投掷弧的圆心。主裁判进行成绩判读时，助理裁判员应在一旁确认，以免判读有误。

8. 成绩记录

当主裁判宣布运动员的试掷成绩时，记录员应大声复述一遍，以保证成绩记录准确无误。在比赛中如果设有计时员或显示器操作员，应对记录员的记录进行监看，以免发生记录错误。

完成成绩测量和记录后，主裁判退至原来位置，记录员宣布下一个运动员开始进行试掷。

9. 比赛中的重新排序

当所有运动员完成前 3 次试掷后，比赛暂停，由记录员选出有效试掷成绩最好的前8名运动员并按成绩对其进行排序，然后按与排序相反的顺序进行后3次试掷。例如，在前3次试掷中，有效试掷成绩最好的运动员在后3次试掷中应排在最后一个进行试掷。在进行完前3次试掷后，应将未进入前8名的运动员带出比赛场地或带至赛后控制中心。

10. 打破纪录

在比赛中如有运动员打破纪录时，应暂停比赛，保留标枪的落地痕迹和破纪录使用的标枪，并立即通知有关裁判长到场审核成绩。

11. 赛场要求

在比赛中，裁判员应注意运动员的言行，不允许运动员进行练习，也不允许运动员离开比赛现场或与场外人员交谈。

12. 兼项和请假

如运动员有兼项比赛，主裁判每次允许运动员在每轮次试掷中，以不同于赛前抽签排定的顺序进行试掷。如果运动员错过比赛的试掷，则不应给予补试机会，应以该次试掷失败论处。

（三）赛后工作

（1）整理、审核并上交比赛成绩。比赛结束后，成绩记录员应对所有运动员的比赛成绩进行检查和排序。主裁判应对该项目的比赛成绩和名次进行认真核对，并交田赛裁判长（大型比赛中，还应交技术官员）签字，最后由记录员将成绩单送交大会编排、记录处。

（2）带领运动员退场。比赛结束后由1名裁判员将前8名运动员带至赛后控制中心或领奖处准备领奖和进行兴奋剂检查。

（3）整理比赛场地、器材和各种文件。

（4）裁判员整队退场。

（5）进行工作小结。

PART 8 赛事组织

国际田联

国际业余田径联合会（International Amateur Athletic Federation，IAAF）简称国际田联。1912 年 7 月 17 日在瑞典首都斯德哥尔摩成立。现有协会会员 210 个，分属欧、亚、非、中北美、南美及大洋洲等 6 个地区联合会。国际田联的工作用语为英、法、俄、德、西班牙语等。不同工作用语文本发生冲突时，以英语文本为准。国际田联总部 1912 ~ 1946 年设在斯德哥尔摩，1946 ~ 1993 年移至伦敦。1994 年 6 月 10 日新的总部在摩纳哥公国启用。

田径是夏季奥运会的基础项目。国际田联在国际体育和奥林匹克运动中举足轻重。国际田联有两位主席担任过国际奥委会主席，前任国际田联主席内比奥罗也是世界大学生体育联合会和夏

国际田联标志

季奥运会项目国际单项体育联合会协会主席。

国际田联的宗旨是保护国际业余田径运动的权益，在各个协会之间建立友好和真挚的合作关系，反对任何种族、宗教、政治和其他形式的歧视。其任务是：在世界上开展田径运动，在所有会员之间建立友好关系，采取必要措施反对种族、政治和宗教信仰歧视，为不同种族、不同政治态度和不同宗教信仰的运动员参加国际比赛消除障碍，制定国际比赛的章程和规则，保证会员之间的比赛按田联制定的章程和规则进行，与新的国家田协联系，解决在田径运动中出现的有争议的问题，与奥运会组委会合作举办田径比赛，确认世界纪录。

国际田联的最高权力机构是代表大会，每两年举行一次，拥有修改章程、制定竞赛规则、批准项目、选举官员等权力。大会选出的理事会负责处理日常事务。理事会由主席、4 名副主席、司库、6 名大洲代表和 15 名理事共 27 人组成，任期 4 年。

国际田联设有 6 个委员会，除了医学委员会由理事会指定外，技术、女子、越野、竞走、老运动员共 5 个委员会均由大会选举产生。这些委员会协助理事会向代表大会提出建议，其成员任期均为 4 年。此外，国际田联理事会下设的专门委员会有运动员委员会、兴奋剂检测委员会、发展委员会、财政预算委员会、奖金资助委员会、新闻发布和电视转播委员会等。这些委员会定期向理事会提交报告和提供咨询。国际田联在全世界设有 9 个地区发展中心，其中之一设在中国北京。

国际田联的主要赛事有世界锦标赛、世界青年锦标赛、世界室内锦标赛、世界杯赛、世界越野锦标赛、世界竞走杯赛、世界半程马拉松锦标赛、世界公路接力锦标赛、国际巡回大奖赛和国际越野巡回赛等。此外田径也是 14 个地区综合性运动会的比赛项目。

田联出版公报，每年 3 期，内容包括：田联所有比赛和成绩；代表大会工作简单总结；各委员会会议，世界纪录和其他消息。

正式国际田径比赛的项目包括：（男子）跑：100 米、200 米、400 米、800 米、1500 米、5000 米、10000 米、3000 米障碍、马拉松、4 × 100 米接力、4 × 400 米接力、110 和 400 米栏；竞走：20 千米和 50 千米；跳：跳高、跳远、撑竿跳高、三级跳远；投：标枪、铁饼、链球、铅球；十项全能。（女子）跑：100 米、200 米、400 米、800 米、1500 米、3000 米、4 × 100 米接力、4 × 400 米接力、100 米栏、400 米栏、马拉松；跳：跳高、跳远；投：铁饼、标枪、铅球；七项全能。

国际田径组织除本联合会外，还有国际田径统计联合会各国际田径教练联合会等。原"中国体育协进会"于 1928 年加入国际业余田径联合会，1949 年中华人民共和国成立，"中华全国体育协进会"改组为"中华全国体育总会"，继续为国际田联会员。1958 年为反对制造"两个中国"的阴谋而宣布退出国际田联。1978 年，中国田径运动协会重新加入国际田联。

中国田径运动协会

中国田径协会成立于 1954 年，总部设在北京，是具有独立法人资格的全国田径运动项目群众性体育社会团体，是中华全国体育总会的团体会员，是中国奥林匹克委员会所承认的管辖田径运动的全国性运动协会。田径项目在中国有广泛的基础，中国田径协会现有 43 个团体会员，除各省市田径协会外，还有各行业体协、大学生体协田径分会，会员组织遍布全国各地。

中国田径协会标志

中国田径协会最高权力机构为会员代表大会，委员会是执行机构，设有常务委员会，在委员会闭幕期间行使其部分职能。下设新闻委员会、竞赛委员会、科学训练委员会、反兴奋剂委员会、青少年发展委员会、老将委员会、场地器材委员会、市场开发委员会等专项委员会。其职能是：宣传并培训、调动群众参与田径运动的积极性；研究制定发展规划、各种管理办法和训练竞赛制度、全国竞赛计划、规划和规章。主办勤务委托会员单位承办全国性或国际性各类比赛；开展国际交往和技术交流；选拔和推荐国家集训队运动员、教练员，组织国家优秀运动队集中和参加国际比赛；组织教练员、运动员、裁判员的培训工作，制定运动员、教练员、裁判员技术等级标准和制度；负责宣传、教育和在赛内、赛外实施对禁用药物的检查工作。组织科学研究工作等。

本会实行会员制，由热心、支持田径运动的团体、单位和个人组成。属非营利性团体。

本会的宗旨是团结全国田径工作者和爱好者，调动一切积极因素，指导和推动中国田径运动的发展；提高田径运动技术水平；为实施全民健身计划和奥运争光计划，为促进社会主义物质文明和精神文明建设服务；增进与世界各国田径协会的友谊；加强同国际田联和亚洲业余田径联合会（简称亚田联）的密切联系与合作。本会自觉遵守国家法律、法规和政策，遵守社会道德风尚。

本会的任务是根据国家的体育方针、政策和有关法规及国际田联的有关规定，统一组织协调全国田径运动的发展，推动群众性普及活动和竞技运动水平的提高，促进亚洲和世界田径运动的进步。其具体业务范围主要包括：

（1）大力宣传田径运动，激发广大群众和青少年对田径运动的兴趣及参与的积极性，培养公平竞赛、顽强拼搏的体育精神。

（2）研究制定中国田径运动的发展规划、各种管理法规和训练竞赛制度及全国竞赛计划、规则和规程，获批准后负责实施。

（3）根据业务主管单位和国际体育组织的有关规定，负责田径竞赛管理，审批各会员单位组织的国内外各类比赛。主办或委托会员单位承办全国性或国际性各类田径比赛，向有关部门提出国际活动及有关事项的建议，获批准后负责实施。

（4）参加国际田联、亚田联组织或委托组织的有关活动，开展国际交往和技术交流。

（5）完善国家田径队运动员、教练员名单公布制度，选拔和推荐国家田径队运动员、教练员，组织国家优秀运动队集训，组织参加国际比赛。

（6）负责协调、组织田径教练员、运动员、裁判员的培训工作。制定运动员、裁判员技术等级标准和制度。负责运动员注册、转会、资格审查和处理。

（7）根据中国奥委会和国际体育组织的有关规定，负责组织田径项目的反兴奋剂工作，协助开展宣传、教育和在赛内、赛外对禁用药物和方法的检查，并按中国奥委会和国际田联有关规定对违规者进行处罚。

（8）负责田径运动的宣传管理、新闻发布等工作，编辑、出版、发行田径书刊，指导、监督和管理有关田径报刊、影视和音像的出版和发行工作。

（9）指导全国田径高水平后备力量的培训工作，提出"人才基地"等称号的设置、评估、管理办法等建议，获批准后负责实施。

（10）提出各田径训练基地的建设、完善、使用、命名等有关工作计划，获批准后负责实施。

（11）审批同全国田径比赛有关的商业性活动；负责与国内外团体、组织、个人合作开展与协会业务相关的经营开发性活动，举办田径运动有关产品的展览、展示会等活动，为中国田径运动的发展筹集资金。

（12）表彰、奖励在田径运动发展中做出优异成绩的会员。

PART 9 礼仪规范

田径是奥运会中最大的项目，掷链球与掷标枪是田径比赛中的两个重要项目，在观看时一般要注意以下几点：

（1）观摩比赛应提前入座，这样，既尊重运动员，也不影响他人观看比赛。

（2）颁奖升旗奏歌时，应肃静起立，不要谈笑或做其他事情，以示尊重。

（3）运动员出场时，观众应该给予鼓励和掌声，不只给予本国的和自己喜欢的运动员，还应包括其他的运动员。

（4）当运动员开始投掷项目助跑时，观众可以根据运动员的助跑节奏鼓掌，注意不要在看台上随意走动。

（5）比赛结束时，获胜运动员为答谢观众一般还会绕场一周，大家一定要用掌声和欢呼声，为其精彩表现表示欣赏和鼓励。

（6）把赛场当作自己的家去爱护。赛场内禁止吸烟，手机要关机或设置在振动、静音状态。

赛场上什么事情都有可能发生，本国运动员的意外丢金和他国运动员意外夺冠形成了一种尖锐的矛盾。而作为观众，我们应从心底里化解这样的矛盾，应该表现得更绅士更大度一些，即便是我们的运动员更应该得到金牌，也应该给予他国运动员应有的尊重与祝贺，这是一个文明观众应该具有的素质之一。

任何一项历史悠久的体育运动都承载着其特定的文化，田径也不例外。田径爱好者应将观看比赛当作是感受运动之美，感受生命魅力的行为。

PART 10 明星花絮

链球运动明星花絮

"链球之王"谢迪赫

尤里·谢迪赫是苏联田径明星，世界田径史上成绩最卓著的链球运动员，被誉为世界"链球之王"。

谢迪赫1955年出生于苏联的新切尔卡斯克，小时候他对游泳特别感兴趣，曾梦想能成为一名出色的游泳健将，他选择田径运动完全是偶然的。

谢迪赫12岁那年的一天，谢迪赫和同伴在路边踢足球，不慎将球踢进附近的一个体育场内。谢迪赫翻墙而过，来到一片草丛中寻找足球。正当他弯腰拣球时，一个链球迎面朝他飞来。就在千钧一发时，谢迪赫猛地蹲下身子，链球擦着他的头皮飞了过去。教练员沃拉维克见此情景，立即跑过来对他大声训斥。谢迪赫听着训斥，一双眼睛却紧盯着链球，表现出浓厚的兴趣。他提出想看一下怎样投掷链球，沃拉维克给他示范后，谢迪赫便试投了一下。这一试掷引起了沃拉维克的注意，谢

"链球之王" 谢迪赫

迪赫居然把链球扔到成年人也难以达到的地方。于是，谢迪赫立刻被吸收到体校投掷组训练。

1971 年 16 岁的谢迪赫已能把链球投到 57.02 米。1972 年他首次突破了"60 米大关"，同年他进入基辅体育学院，师从前著名链球运动员邦达丘克。在教练的悉心指导下，他的链球成绩进步很快。1974 年他以 70.86 米的成绩第一次突破"70 米大关"，并创造了世界中学生纪录。1975 年他的成绩为 75 米，进入了世界优秀运动员的行列。

1976 年 7 月 28 日谢迪赫和他的教练邦达丘克同时参加了奥运会的链球比赛。他不负重望，以 77.52 米的成绩打破了奥运会纪录，并夺得金牌。1980 年是谢迪赫运动生涯中最辉煌的一年，他先是以 80.38 米和 80.64 米的成绩两次打破世界纪录，接着又以 81.80 米的优异成绩创造世界纪录，并蝉联奥运会金牌。

1981 年他获得第 3 届世界杯田径赛冠军。1983 年获首届世界田径锦标赛亚军。1984 年由于苏联抵制洛杉矶奥运会，使他失去了三夺奥运会金牌的机会。但在这一年，他以 86.34 米的惊人成绩打破了世界纪录，成为有史以来第一个突破 85 米的链球运动员。跨入 1986 年，谢迪赫的成绩又有了新的突破，他以 86.66 米和 86.74 米的成绩两破世界纪录，其中 86.74 米的世界纪录，迄今无人打破。

1988 年 33 岁的谢迪赫第三次来到奥运赛场，以 83.76 米的成绩获得银牌。1991 年他获得第 3 届世界田径锦标赛冠军，成为该赛有史以来年龄最大的世界冠军。

1991 年 8 月，36 岁老将谢迪赫在东京举行的第 3 届世界田径锦标赛链球决赛中，以 81.60 米的成绩再次夺得冠军，当之无愧地获得世界"链球之王"的美誉。

谢迪赫的技术非常出色，他最突出的特点就是旋转速度快，被认为是链球圈里的短跑运动员。他虽然采用旋转三周的投掷技术，但由于他的旋转加速能力出色，因此所获得的旋转速度往往超过旋转四周的运动员。正因如此，他取得了巨大的成就，成为世界田径史上成绩最卓著的链球运动员。1987 年国际田联庆祝成立 75 周年时，将其 1984 年突破 85 米大关、创造世界纪录的精彩瞬间，评选为世界田坛 75 年来"100 个金色时刻"之一。

"一鸣惊人"的米安科娃

阿克萨娜·米安科娃 1982 年出生在苏联的莫吉廖夫地区。14 岁时，米安科娃去了当地的体育学校学习田径，但却遭到了母亲的极力反对，所以米安科娃经常趁着母亲在工作期间偷偷跑去参加训练。由于她的身高出众并对运动充满热爱，米安科娃很快吸引了许多教练的注意。有教练建议她去练铅球，还有的建议她去练划船，但她都拒绝了。

在米安科娃 15 岁时，莫吉廖夫州体校的教练瓦列里·沃龙佐夫邀请她去练习链球。米安科娃去了之后很快就喜欢上了这项运动。当时，在 20 世纪 90 年代末，链球仍然被认为是男性的运动项目。但仅仅在米安科娃学习了投掷的基本技巧后，她就赢得了当地比赛的冠军。

"这是一个起点，"米安科娃回忆道，"我喜欢训练，我决定继续走下去。教练注意到我是一个很具有爆发力的选手并且我的结束动作完成

阿克萨娜·米安科娃

得非常标准，在旋转之后，链球飞向空中，那时我内心会有一种强烈的感觉。但我的母亲仍然不理解我的选择。"米安科娃的几个姊妹，包括她的母亲都是医生。她的母亲说，白色制服比起一个铁球来说更适合一个女人。

1999 年，米安科娃 17 岁，她从学校毕业，进入了农业科学院。那个时候她想，她以后可能要成为一名农业学家了，她将不得不放弃运动，并潜心研究。但是，令人意想不到的是，后来她转到了莫吉廖夫成为一名教练，再次回到了田径场上。

米安科娃接连参加了 2002 年欧洲田径锦标赛、2003 年世界田径锦标赛、2005 年世界大学生运动会，但都没有获得奖牌。同时米安科娃还面临着伤病的困扰，四年中她都无法在冬季参加训练。但随着伤病的好转，局势似乎有所转变。2006 年她在明斯克打破了白俄罗斯全国纪录。

然而，米安科娃在当年的欧洲锦标赛上不幸成为训练事故的受害者。在哥德堡，当她在训练时，因为地面湿滑而不慎滑倒，并扭伤了她的背部。因而在哥德堡，她也未能晋级决赛。同时她也因为背部的伤病而未能在 2007 年赛季中取得任何成绩。

然而到了 2008 年则是一个完全不同的境况。4 月，米安科娃在布雷斯特的 Evgenie Shukevich 杯赛投掷出了 74.68 米。然后，在 6 月的 Staiki，她把成绩又提高到 76.19 米。之后她赢得了在法国阿纳西举办的欧洲冠军杯（75.97 米）。6 月底，她回到 Staiki，再一次打破了白俄罗斯纪录（77.32 米）。

在万众瞩目的北京奥运会上，代表白俄罗斯参赛的米安科娃"一鸣惊人"，扔出了史上第三远的距离，并打破了奥运会纪录，一举夺得了北京奥运会女子链球的金牌。

米安科娃在比赛中

2012 年 4 月 28 日，米安科娃扔出了 78.19 米的优异成绩，再次刷新了个人的最佳成绩并取代之前在北京创下的纪录成为史上第三远的距离。

德国链球名将——贝蒂·海德勒

贝蒂·海德勒 1983 年出生于柏林，她来自一个田径世家。外祖父

贝蒂·海德勒

马丁·瑞福斯塔尔是个跳高运动员，曾经代表德国队参加过 1936 年柏林奥运会。表姐科内莉娅·奥斯克纳特，曾经在 1987 年世界室内田径锦标赛上获得过 60 米跨栏冠军。

贝蒂·海德勒首次亮相国际赛场是在 2003 年世锦赛上，当时她年仅 19 岁，是法律学院的一名学生，并以 65.81 米的成绩获得了第 11 名。差不多正好一年之后，她在 2004 年雅典奥运会上以 72.73 米的成绩获得了第四

名，从而宣告了又一颗田坛新星的诞生。

正如刚进入世界田坛一样，海德勒在 2005 年赫尔辛基世锦赛上没有能够达到资格线，成绩仅为 61.91 米。2006 年她恢复了最好状态，在勒沃库森的世界田径总决赛上获胜，比赛成绩多次超过 76 米，并掷出了她至今为止的个人最好成绩 76.55 米。

所有的这些努力，让海德勒达到了至今为止运动生涯的巅峰状态，在 2007 年大阪世锦赛上，她打败了众多女子链球名将，以 74.76 米的成绩夺冠。

"亚洲铁人" 室伏重信

室伏重信，1945 年出生于中国河北唐山，日本链球运动员。素有"亚洲铁人"之称，竞技经历辉煌。他曾 5 次蝉联第 6 至第 10 届亚运会链球比赛金牌。

室伏重信

室伏重信从 1966 年起连续 6 次参加亚运会，获 5 连胜。并获得日本田径锦标赛的 10 连胜，曾 12 次称雄日本全国运动会。1980 年工作于中京大学体育系。1989 年 4 月为该大学教授。自 1972 年慕尼黑奥运会开始，连续 4 次代表日本参赛，最好成绩第 8 名。1993 年在宫崎举行的第 10 届世界老年（45～49 岁）运动会创 63.46 米的世界纪录。

1972 年室伏重信获美国海尔莫斯奖，1983 年获文部省体育功能表彰，1986 年获总理大臣勋章。著作有《在那瞬间》、《室伏重信喜爱的田径》等书。

雅典奥运会金牌得主——室伏广治

室伏广治，日本链球运动员，1974 年生于日本静冈县沼津市，连续 13 届蝉联日本田径锦标赛该项目的冠军，曾获两届亚运会冠军，为 2004 年雅典奥运会金牌得主，是世界链球运动最出色的运动员之一。目前为美津浓田径部所属选手，同时拥有中京大学体育学博士学位。

室伏广治出身于日本链球世家，他的父亲室伏重信也参加过奥运链球比赛，曾 12 次称雄日本全国运动会，称雄五届亚运会的链球项目并保持了日本全国纪录长达 10 年之久；他的妹妹室伏由佳也是链球职业运动员，同时也是铁饼日本全

室伏广治在新闻发布会上

国纪录的创造者；母亲 Serafina Moritz 是罗马尼亚人。作为日欧混血儿的室伏广治拥有着一副欧洲人的长相和身材，曾经是标枪运动员，身高 183 公分，体重 95 公斤。能操一口流利的英语和日语，他的成绩与其他的亚洲链球选手的成绩之间，有着十米左右的惊人差距。

2004 年 9 月 23 日，在日本横滨举行的国际田联全明星大奖赛上，国际奥委会将雅典奥运会男子链球金牌颁发给日本选手室伏广治。由于违犯药检规定，奥运会链球冠军、匈牙利选手阿努斯的金牌被剥夺，而获得银牌的室伏广治以 84.86 米的成绩获得金牌。

目标 88 米：为奶奶的健康长寿献礼

室伏广治

为了给参加北京奥运会壮行，室伏与家人一起在 2008 年 6 月 23 日重返自己的母校发表演说，他发誓要在奶奶曾经生活过的北京投掷出 88 米的世界最远纪录，作为向年愈 88 岁奶奶祝寿的最好礼物。

室伏广治在演讲时介绍说，他的家庭与北京有着极深的渊源，在中日战争爆发之后自己

的爷爷奶奶一家就住在当时的北京，先后在那里生活过 3 年半时间，自己的父亲室伏重信也出生在那里，后来才举家回到日本。包括父母在内都在中国改革开放之后全家出动，故地重游，应该说全家上上下下都对北京有着一份特殊的感情。北京奥运会恰巧开幕那一天是 8 月 8 日，而年迈的奶奶今年正好 88 岁，为了纪念具有特殊意义的好日子，自己希望能够在本届奥运会上投出 88 米以上的成绩，为奶奶的健康长寿献上一份最好的礼物。

世界链球世界纪录是由苏联选手尤里·谢迪赫在 1986 年创下的 86.74 米最高纪录，也就是说室伏只要再多投 1 米多就能好梦成真，但室伏在国际大赛上创下的最好成绩仅仅是 84 米多一些，要想在北京奥运会上创造奇迹无疑比登天还难。室伏却非常自信也表示："自己在平时的训练中最好成绩也能投到 86 米左右，如果在特定的环境和气氛里再加上心情，也许在北京就会有一项新的链球世界纪录的诞生。"

当然仅仅靠苦练还远远不够，由于室伏在日本田径界也算得上重点保护对象，因此，在雅典奥运会刚一结束就有体育科研人员长期对室伏训练、生活进行跟踪，对于链球的选材、投掷时的动作、在链球和身体装上一种专门研制的感应器，把经过设备处理的各项技术数据进行归类和分析。

北京奥运会：递补获得铜牌

在北京奥运会上，室伏广治在第二投时投出了 80.71 米的成绩，排在第二位，第六投结束，室伏广治排在第五位。"我只能尽最大努力发挥出自己的最好水平。"室伏广治当时已经感受到了压力，他今天最差成绩只有 77.26 米。室伏广治希望能超过自己在雅典奥运会上的成绩，但求胜心切对他在比赛中的发挥造成了一定影响。

今年初春，室伏受腰伤所困扰，还没有来得及完全治愈，就开始准备参加北京奥运会了。在链球的比赛中，运动员要利用腰部的伸展和肩膀旋转的动作来赢得比赛。富有冒险精神又自尊心极强的室伏广治却说："腰疼并没有影响今天的比赛。"然而，他的投球动作多少暴露了他不佳的身体状况。

在雅典奥运会上夺得金牌之后，室伏广治"不受先入为主的观念和所谓常识性技巧的影响"，积极研究新技术，形成了独特的投球方法，在日积月累的练习中努力争取着点滴的进步。

"如果我的技艺不精湛，就无法取得进步，链球项目也难以因我的力量得到推广。"室伏广治对训练颇有心得，他还亲自教小孩子们享受链球的乐趣。他就是这样认真对待着自己所热爱的事业，4 年里，他已经成为链球领域的集大成者。

在北京奥运会上没能取得理想的成绩，室伏虽然遗憾，但依然充满信心："我的体力和技艺都在变化，我希望自己能接受新的挑战。"链球是一项需要体力和技巧的比赛。室伏广治表示，他还将继续书写自己的奥运生涯，不会就此结束。

最终，室伏广治在获得银牌和铜牌的白俄罗斯选手因药检阳性被取消奖牌后，再次递补获得铜牌。

不参加亚运会：选手水平太低

2010 年 8 月，在意大利国际赛上，室伏广治以本赛季世界最好成绩 80.99 米获得冠军，9 月份，在克罗地亚田径世界杯上又代表亚洲拿到了男子链球金牌。赛后他表示，自己不会参加 2010 年 11 月的广州亚运

室伏广治在比赛中

会。9 月下旬在日本新潟举行的一个比赛之后，他就结束该赛季。

这位身体强壮的体育学博士雅典奥运会之后就一直受到伤病的困扰，北京奥运会上表现平平，之后又因伤缺席了柏林世锦赛。经过两年休养后，才重新找回了最佳状态。

正是在这种情况下，室伏广治最终决定放弃亚运会，而把全部精力放到 2012 年伦敦奥运会上，他在接受采访时表示："终于找到了一些奥运会的感觉，希望能到伦敦去夺取奖牌，所以今年除了代表国内的俱乐部之外，只想进行好好的调整，无论什么情况下都能拿金牌。将不会再参加任何赛事，我已经放弃了 11 月的广州亚运会资格，那里的对手水平太低。"

力挫群雄：世锦赛夺冠

2011 年 8 月 29 日，2011 年大邱田径锦标赛进入到第三日的争夺。由于本赛季状态极佳的俄罗斯名将扎戈尔尼伊因背伤缺席，使得冠军争夺更加开放，白俄罗斯人科里维斯基、匈牙利选手帕尔斯和意大利选手维佐尼 2011 年都有过投出 80 米以上的纪录，当然北京奥运会、柏林世锦赛双料冠军斯洛文尼亚名将科兹姆斯也不能被排除在外。在资格赛中，室伏广治以 78.56 米的佳绩夺得第一名。

决赛第一轮，室伏广治延续了之前良好的状态，以 79.72 米的成绩暂列第一。科兹姆斯发挥得非常稳定，投出 77.50 米排名第二，帕尔斯以微弱的劣势排在第三位。

第二轮，室伏广治又创佳绩，投出了 81.03 米的赛季个人最好成绩，进一步扩大了自己的优势。科兹姆斯不甘示弱，本轮也把成绩提高到了 79.39 米。

第三轮，已经渐入佳境的室伏广治势不可挡，再次掷出 81.24 米的佳绩，更加巩固了自己的优势。三投结束，室伏广治高居榜首，科兹姆斯和帕尔斯紧随其后。

第四轮，室伏广治体力有所下降，不过仍然投出了 79.42 米。帕尔斯在这一轮投出了 79.97 米，上升到第二位。

进入第五轮，室伏广治的动作依然非常连贯，又投出了 81.24 米的成绩，而排在第二和第三的帕尔斯、科兹姆斯都未能更进一步。最后一轮，奋力一搏的帕尔斯投出了 81.18 米的赛季个人最好成绩，但是仍然落后室伏广治 6 厘米。

最终，室伏广治以 81.24 米的成绩夺得冠军，这不仅是其获得的首枚世锦赛金牌，同时也是日本队在本次世锦赛上拿到的首枚金牌。

奋力拼搏：伦敦奥运会摘铜

室伏广治在领奖台上

2012 年 8 月 5 日，伦敦奥运会田径项目进入到第三个比赛日的争夺。参加男子链球决赛的一共有 12 位选手，日本老将室伏广治渴望在八年之后再次夺得奥运会的金牌，他在预赛时以 78.48 米的成绩排名第一。室伏广治的主要对手是匈牙利选手帕尔斯、斯洛文尼亚的科莫斯和俄罗斯选手伊孔尼科夫，上述三人都具备了 80 米以上的能力，其中科莫斯是上届奥运会的冠军，大赛经验丰富。

决赛第一轮，帕尔斯进入状态较快，第一轮就投出了 79.14 米，迅速占据首位。科莫斯同样手感不错，取得了 78.97 米的赛季个人最好成绩，位居第二，室伏广治则因为犯规没有成绩。

第二轮，前三位没有发生变化，依旧是帕尔斯、科莫斯和乌克兰的索基斯基，室伏广治投出 78.16 米，升到第四位。

第三轮，帕尔斯再次大发神威，奋力投出了 80.59 米的佳绩，进一步巩固了自己的领先优势。科莫斯因为犯规没有成绩，室伏广治渐入佳境，本轮投出了 78.71 米，排名跃居第三位。

进入第四轮，前三名仍旧没有变化，科莫斯再一次犯规没有成绩，索基斯基也同样犯规。帕尔斯和室伏广治也没能超越最好成绩。

第五轮，科莫斯在连续三轮犯规无成绩的压力下终于重新爆发，以 79.36 米的成绩刷新了赛季个人最好成绩。最后一轮，选手们体力都有所下降，未能继续提高成绩。

最终，帕尔斯以 80.59 米的成绩摘得金牌，科莫斯以 79.36 米获得亚军，室伏广治排名第三。

两次打破亚洲纪录的毕忠

毕忠 1968 年出生于辽宁大连，中国链球名将。毕忠走上掷链球的道路，与他的领路人吴长松密不可分。

吴长松是国内田径界有名的链球教练。他是链球运动员出身，他执掌起江西田径队链球项目教鞭后，其勤恳负责、长于钻研创新，又善于知人善任的优点便迅速化为累累果实：20世纪 70 年代初，江西链球选手胡刚连破两次全国纪录，并多次成为国内头名"状元"；70 年代中期，又一位链球"大力士"于光迅速崛起，第五届全运会获第二名，以后又夺得全国冠军；80 年代，江西的罗单更是威风八面，不仅屡屡在全国比赛中稳坐头把

毕忠

交椅，而且在神州力士中，第一个将 7.26 千克的链球掷到了 70 米以外。

江西链球尖子源源不断，成为国内链球项目的劲旅之一。于光、罗单尚处于鼎盛时期，具有战略眼光的吴长松教练，已开始物色他们的"接班人"。

链球项目要求运动员人高马大，且敏捷灵活，吴长松想找年龄十四五岁、身高 1.83 米左右的后生，可跑遍江西各县，竟"踏破铁鞋无觅

处"，一无所获。江西人素以小巧著称，要找膀粗腰圆的壮汉，实在太难。吴长松犯愁了！

东北不是出大汉么？想到这一点，1984年10月的一天，他不远千里，赶往大连金县，向该县业体校教练邱立斗求援。邱立斗向他推荐了当时正在练铅球的毕忠。

毕忠当时16岁，小时候踢过足球，3个月前才进大连市业余体校练习铅球，没有什么突出成绩。再一细瞧，他手大、臂长。吴长松让其伸开双臂，掏出钢卷尺一量，臂长比身高还多出11公分。手大握力大，臂长力臂长，对掷链球特别有利。"好，这孩子我要了。我现在去沈阳，你明天将孩子送到辽宁省体工队，我在那里等候，顺便将孩子的日常生活用品带上。"吴长松当即拍板。

第二天晚上，毕忠和父亲一块到沈阳。第三天早晨，吴长松即带着毕忠来到体工队田径场，看着小伙子能跑能跳，有良好的素质，他在一旁连声说："好！好！"

凭着一副"伯乐"般的好眼力，吴长松终于"捡"来了一匹"良驹"。

广州失去夺魁机

毕忠从来没有摸过链球，吴长松第一步先抓他的素质。

链球项目需要运动员双臂有千钧拉力。吴教练给毕忠定下了死任务，每天都要拉"引体向上"。毕忠当时体重81千克，引体向上谈何容易？开始，他勉勉强强能拉一两次。但他训练十分刻苦，不长时间，就可以拉到20多个。

按吴长松的规矩，运动员一年之后才能持球练专项技术，但为了准备第二年的首届全国青少年运动会，只好破例，3个月后就让他呼呼扔将起来。毕忠脑瓜灵，还学得真快，青运会前，成绩已达到 51 米。青运会在郑州举行时，距他摸链球还不足一年时间，却以 53.88 米的成绩，为江西夺得一枚铜牌。

从此，毕忠似乎一发而不能收，成绩稳步上升：1986 年参加省运会，战胜老将胡刚，以 61.74 米夺标；1986 年至 1987 年，四次蝉联全国青年冠军；1987 年 6 月，在第六届全运会田径预赛中，以 68 米打破全国青年纪录，排名第二，并获得进军羊城的"入场券"。

太顺利了！这也许对一名年轻队员走向成熟不太有利！

六运会正式开幕前夕，毕忠已经长成 1.87 米，体重 110 千克的理想身材，训练中曾将链球掷至 72 米以外。此成绩超过了全国纪录，六运会上可稳摘金牌。

毕忠具有夺取冠军的实力，却缺乏大赛的经验。广州决赛，他第一次掷出 70 多米的好成绩，却不慎踩线犯规。由于心情过于紧张，第二次球未能投出去；第三次怕犯规，动作还未完成球即出手，仅投了不到 60 米。结果，连前 8 名也没能挤进去。

脾气刚烈的毕忠又气又悔，滚下了泪珠。吴教练对他讲你还年轻，没比好不要紧，关键是吸取教训。

是的，毕忠刚刚 19 岁，来日方长。他向教练说了四个字："决不泄气！"

毕忠在比赛中

泉城之战创新绩

吴长松和毕忠的下一个目标，是 1988 年的全国城市运动会。

大赛之前好兆头又象影子似的盯上了毕忠。1988 年 5 月 20 日，在江西井岗山的一次比赛中，他竞技状态良好，第四次投出 71.90 米，打破了解放军选手谢英琪保持的全国纪录。

城运会决赛在泉城济南举行，毕忠自然成为夺魁的最大"热门"。

吴长松教练告诫弟子：一定要牢记六运会上的失败，头脑必须清醒。第一次试投，记住一个稳，不能急于求成，有了成绩后，再向全国纪录冲击。

毕忠呢，广州的"学费"没有白交。他不慌不忙地走进赛场，默默回忆了一遍技术要领后，拾起链球预摆两圈后，加速旋转，第四圈时用力投出，球沿切线飞出，"71 米"，第一轮便遥遥领先于其他选手。第二轮，他投出 70.72 米。

第三次出场，毕忠充满信心，旋转四圈后，一个扬头蹬腿、大吼一声，将链球投到了标志着全国纪录的小红旗以外，"72.62 米"，他改写了自己保持的全国纪录。中国链球项目的水平，又向前挺进了 72 公分！

毕忠随后果然不负所望，佳绩迭出：1990 年 4 月获第十一届亚运会链球第一名；1991 年获第九届亚洲田径锦标赛链球第一名；1992 年获第六届世界杯田径赛链球第四名；1993 年获第七届全运会链球第一名；1994 年获第十二届亚运会链球第一名；1997 年获第八届全运会链球第一名……共 10 次打破全国纪录，2 次打破亚洲纪录。

改写中国链球历史的小将——陈洪秋

陈洪秋来自海南，出生于 1992 年。北京时间 2009 年 7 月 11 日凌晨从意大利布列瑟侬传来喜讯，在第六届世界青年田径锦标赛男子链球决赛中，中国小将陈洪秋以 74.93 米的成绩摘得冠军，这个成绩是当年的世界青年最好成绩，同时这也是中国队在本届世青赛上的第一枚金牌，也是 10 年来中国队首次在世青赛上获得链球项目的金牌，从而改写了中国链球的历史。

从对链球一无所知，到世界田径青年锦标赛链球冠军，海南田径队 17 岁的小伙子陈洪秋吃了不少苦。入队 3 年多来，这位家在黑龙江的少年从未回过一次家，在训练中他磨破了 150 多双鞋。这个份量极重的世青赛冠军，绝对不是靠他"撞大运"得来的。

"能吃苦，技术扎实。"这是海南队教练刘福祥对自己弟子的评价。2006 年刘福祥在黑龙江肇东市体校发现了陈洪秋。那时的陈洪秋还是"白纸"一张，仅仅在体校练了半年的身体素质。"他对链球简直是一窍不通。"刘福祥对《海南日报》记者说。

2006 年 6 月，14 岁的陈洪秋从黑龙江来到海南，开始了他的链球生涯。为了能让陈洪秋打下扎实的技术基础，刘福祥煞费苦心。"陈洪秋从徒手技术模拟练起，从分解

陈洪秋在比赛中

动作到全套动作，他练得很苦也很认真。"刘福祥说。链球运动要求选手在高速旋转中，将球抛出去。为了能完成标准动作，陈洪秋每天不知道要转多少圈，有时候他转得想吐。在不长的时间内，他便从只能转一

圈到转四圈。

在技术进步的同时，也让陈洪秋付出了一些"代价"。刘福祥说："刚开始练的时候，陈洪秋一周要磨破 4 双鞋。省队每年给小队员发 10 双鞋，这 10 双鞋在他脚上穿了不到一个月，便全部报废。海南没有卖专业链球鞋的店铺，他刚进队也没有什么收入，他的家人便从黑龙江给他邮寄链球鞋。最多一次家人给小陈邮寄来 20 多双。"刘福祥粗略算了一下，练了 3 年链球，陈洪秋差不多穿破了 150 多双鞋。

陈洪秋加盟海南链球队 3 年，没有回过一趟老家，除了发烧缺过几次训练课外，他基本上没有停止过训练。甚至，连续三年的大年三十下午，他都在训练场上"挥汗如雨"。

刘福祥最看重小陈在训练中能吃苦这一点。他说："当时肇东市体校校长极力向我推荐小陈，原因就是这小孩具备吃苦耐劳的特点。"在平时的训练中，刘福祥根本不用担心小陈的训练量。相反他倒是时常阻止小陈加量训练。"毕竟他还小，运动量太大了不太合适。"刘福祥说。

身高 1.85 米、体重 103 千克的陈洪秋长了一副练链球的"好身板"。他的身体条件和苏联的 3 届奥运冠军、现世界纪录保持者谢迪赫很相似。刘福祥说："链球选手的身高不能太高，否则不利于旋转。"陈洪秋的长处是爆发力好，出手速度快。省高级体校校长杨毅光是位经验丰富的体育人。3 年前，他便看好小陈的前景。刘福祥说："校领导多次叮嘱我，让我下功夫打磨陈洪秋的技术。"

尽管目前陈洪秋的势头不错，但刘福祥还是很低调。他说："小陈还有很长的一段路要走，他想在国内成人赛中崭露头角，难度颇大。我们不能被这次夺冠冲昏了头脑。"

"小陈的心理素质过硬，比赛时不怯场，越是大赛越能超水平发挥。"刘福祥对《海南日报》记者说。

去年，陈洪秋参加全国少年田径锦标赛，刘福祥因故没有陪同他一起参赛。小陈原本在训练中的最好成绩为 70 米，但他居然在比赛中投出了 73 米，夺得了冠军。这个成绩着实让刘福祥吃了一惊。"这小子的确与众不同，一遇大赛就兴奋。"刘福祥说。

在前往意大利参加世青赛前，刘福祥曾在电话里嘱咐小陈："在比赛中给我正常发挥，争取在赛场上升起国旗。"小陈回答说："师傅，你放心吧!"刘福祥对记者说，我是真没想到他不但让国旗升起来了，还奏起了国歌。74.93 米是小陈世青赛的成绩，这个距离小陈平时根本没有达到过。

刘福祥说："我就喜欢他大赛不怯场这一点，这是高水平选手必须具备的素质。"

世界女子链球冠军——顾原

顾原 1982 年出生于中国东北营口，1994 年在营口市体校从事铅球、标枪训练，教练是刘锡良；1996 年改练链球，同年进陕西省田径队，教练是欧喜元；1998 年入选国家队，教练是欧喜元。

链球是一项对力量要求很高的运动项目，顾原身高只有 1.71 米，在国内都算小个，与身高马大的欧美选手更没法相比。但由于她的教练欧喜元在技术创新上下功夫，使顾原具备了旋转快、节奏好的独特技术，大大弥补了身高、力量

顾原

的不足，从而打破了欧美对女子链球的绝对垄断局面。

2002 年韩国釜山亚运会上，刘翔开始显露锋芒，在中国田径队与他比肩的是一位世界级女子链球明星，这便是陕西一手培养出的王牌——顾原。2002 年的顾原正值巅峰时期，这一年她一再刷新亚洲纪录，并且登上 2002 年世界杯田径比赛的冠军领奖台，她将亚洲抛在身后让对手仰视。

2002 年 9 月 21 日，顾原代表亚洲在西班牙马德里参加了世界杯田径赛女子链球的比赛，以 70.75 米的最佳成绩击败美洲、欧洲、大洋洲和非洲以及美国、德国、俄罗斯和东道主西班牙的全部 8 个对手，为亚洲赢得了第一个冠军。顾原是这个项目比赛中惟一突破 70 米的选手。代表美洲参赛的古巴选手伊·莫雷诺以 69.65 米名列第二，俄罗斯选手库津科娃以 66.98 米位居第三。

顾原在比赛中

2002 年的顾原正值巅峰时期，她保持的 71.10 米的最好成绩可列入当年世界前五，悉尼奥运会古巴选手莫雷诺夺金的成绩不过为 71.16 米，2001 年的世锦赛俄罗斯名将库琴科娃的夺冠成绩也不过为 70.65 米。而在釜山亚运会前的世界杯田径赛上，顾原以 70.75 米的成绩战胜莫雷诺和库琴科娃夺得冠军。可以说，在釜山亚运赛场，顾原是炙手可热的田径明星。

顾原的成长经历十分曲折。1996 年年初，陕西省田径队教练欧喜元北上辽宁，经过一番遴选，看中了原先练铅球的顾原。当时女子链球在中国处于起步阶段。"那时我身高 1.70

米，体重才 60 千克，所以当欧喜元教练选中我时，很多人都不理解。"她这样的身材应该去练柔道"，这样的话我和教练当时听过很多遍。"来到西安以后，顾原很快就喜欢上了链球这项运动，"刚开始的时候，我甚至都不知道投链球还要戴手套，还被链球砸过。"经过欧喜元的悉心调教，顾原很快便在国内崭露头角。1998 年的全国田径青年锦标赛，顾原投出了 61.42 米的好成绩，首次刷新了由日本人保持的亚洲纪录。同年，顾原在日本福冈举行的亚锦赛上，再度刷新亚洲纪录，为中国夺得亚锦赛女子链球首金。顾原以旋转频率快见长，她状态好时，曾有过 3 年内 8 破亚洲纪录的壮举。然而此后，由于技术上和身体素质等多方面的原因，顾原一度发挥不出应有的水平。2001 年的九运会甚至凭借外卡身份才得以参加，但在九运会决赛上她再次爆发，获得冠军。九运会后顾原的状态逐渐稳定下来，直至 2002 年进入运动员生涯的黄金时代。

2002 年 10 月 12 日下午，当一位黝黑健壮的中国姑娘走到链球投掷网中央时，偌大的釜山亚运会主体育场陡然间安静下来，几乎所有人的目光都聚集在这位属于亚洲的世界级选手身上。只见她神情自若地用双手提起链球，突然发力，链球随着她身体的转动高速旋转起来，"嗨"的一声怒吼，链球如出膛炮弹般向场中央飞去。看台上一片惊呼，70.49 米，这是一个可列入当年世界大赛前三名的成绩。当时，在陕西体育接连与釜山亚运金牌擦肩而过之际，顾原用双手坚强地撑起了陕西田径的脊梁。

令欧喜元稍微失望的是，顾原虽然夺得亚运冠军，但未能在釜山打破亚洲纪录。"顾原平时训练的成绩在 72 米左右，来釜山如果不出意外打破亚洲纪录应没有任何问题。但意外却偏偏出现了。"欧喜元说。在釜山亚运赛场，顾原采取的是四圈技术，但在关键的第四圈，她的支撑腿——左腿随着身体转动根本压不下来，以至于顾原的身体重心向右腿转移，力量不能贯穿始终。见到此景，当时坐在观众席上的欧喜元急得团团转，"顾原、顾原，注意把腿压下来。"欧喜元跑到最接近场地的地方边喊边比画，但六轮下来顾原没有一次能达到欧喜元的要求。"顾原有伤是一方面，关键是这几天我无法给顾原进行赛前调整，没有教练的指导光靠自己想象怎么能创造好成绩？"欧喜元说。按照有关规定，只有第一个获得亚运会入场券选手的教练才能加入中国代表团的正式行列，而顾原是以第二的身份获得亚运会的参赛权，欧喜元自然不能在釜山接近顾原，最后欧喜元是以陕西省观摩团的身份出现在釜山的。釜山亚运会后，多年积累的伤病使顾原的训练受到了很大的影响，在国内比赛中逐渐被张文秀赶上并超过，自己保持了多年的亚洲纪录也被张文秀刷新。

重庆十运英雄——刘瑛慧

刘瑛慧

刘瑛慧，1978 年生于辽宁抚顺，中国链球运动员，作为重庆竞技体育的一大标志性人物，刘瑛慧是国内唯一能和张文秀较量的女子链球名将。刘瑛慧 1994 年在抚顺市体校从事专业训练，教练是陈铁夫；1997 年开始练链球，师从孙游；1998 年进入国家集训队，教练仍然是孙游。

刘瑛慧是中国链球选手参加国际比赛成绩最稳定的一个，也是成绩起伏最小的一个。刘瑛慧是 2001 年北京大运会女子链球第三，九运会亚军，2002年全国田径大奖赛上海站女子链球冠军，全国田径锦标赛女子链球冠军，釜山亚运会女子链球亚军，2003年世界大学生运动会女子链球冠军，并首次投出超过70米大关的成绩。她曾于1999年在沈阳举行的全国青年田径锦标赛上以63.75米刷新亚洲纪录，2002年在上海全国田径大奖赛上海站以68.06米再次打破亚洲纪录。特别是2005年十运会，她在现场拉伤小腿、走路都成问题的情况下，居然投出72.17米的成绩并夺冠，被誉为重庆十运英雄。她2005年从北京体育大学毕业以后就到清华大学当了一名老师。

2005年10月17日，以个人身份参加十运会比赛的重庆运动员刘瑛慧在受伤的情况下仍然以72.17米的成绩夺得女子链球冠军，她的教练孙游在赛场上对记者说，刘瑛慧夺冠不意外，困扰她多年的技术问题今年得到很大改善，以及今年大运会时突破70米大关，使她有信心冲击全运会冠军。

孙游说，这两年刘瑛慧一直被顾原和张文秀压着，同时更被"70米"压着，她的成绩一直在68米左右徘徊，其中主要原因是她的技术有缺陷，连贯性不足，右腿的速度总是慢一些，对成绩影响非常大。

刘瑛慧在比赛中

"今年，我们终于有针对性地解决了这个技术问题。"孙游说。

在解决了技术问题后，刘瑛慧的成绩很快有了大幅提高，"今年参加大运会，她首次投出超过70米的成绩，这对她的信心增强有很大帮助。"

"今年是全运会年，很多运动员都全力备战全运会，不愿意出去参加国际比赛。刘瑛慧想得开，她去了大运会，而且很放松，结果有了个人的突破。"孙游说。

这两个因素对刘瑛慧当天首次夺得全运会冠军发挥了重要作用。

女子链球金牌是当天开始的田径大战决出的第一枚金牌，解放军名将张文秀和陕西老将顾原是夺冠的大热门，27岁的刘瑛慧并不被看好。重庆田径队因为兴奋剂问题受重罚，被取消参加全运会的资格，刘瑛慧根据规则以个人身份参加全运会。

刘瑛慧比赛中投出72.17米的好成绩，张文秀决赛第二投的时候投出了71.84米，最后一投张文秀全力一搏，希望超过已经投出72.17米成绩的刘瑛慧，但用力过猛，链球打在护网上，最终刘瑛慧夺得冠军。

孙游说，张文秀是刘瑛慧的主要对手，她的实力强于刘瑛慧，但刘瑛慧是比赛型的选手，她今天发挥出色。相反，张文秀压力比较大。

孙游还坦陈，如果刘瑛慧不受伤，以她今天的状态，"可以投出75米左右的成绩"。

刘瑛慧是试投时受的伤。"她右腿本来就有旧伤，今天比赛她挺兴奋的，结果试投时拉伤了右腿。"

赛后，在受伤后仍旧坚持比赛并夺得冠军的"意外"，令刘瑛慧感触良多："这场比赛是我人生中非常难忘的一场，通过这场比赛我也发现了自己的潜力。而且以后无论遇到什么意外的状况，我想我都能应付得过来。"

多次创造并打破纪录的张文秀

张文秀1986年出生在辽宁大连，她开始练铅球，12岁时开始接触链球，"我当时就是觉得好奇，练着练着就喜欢上了。"身高臂长爆发力强的张文秀很快就表现出惊人的天赋，1998年进入八一队接受系统训练。2004 年，只有 18 岁的张文秀就以 72.37 米获得了全国田径大奖赛的第一名。此后，亚洲青年纪录、世界青年纪录、全国纪录、亚洲纪录都留下了她的名字。

亚运会夺冠

2006 年卡塔尔多哈亚运会田径比赛 12 月 8 日全面展开，当天产生 4 枚金牌，张文秀打破女子链球亚洲纪录，成为当天最大的亮点。20 岁的张文秀在第五投投出 74.15 米，这一成绩打破了

张文秀

由她自己保持的 73.24 米的亚洲纪录。她也是参赛的 8 位选手中唯一投过 70 米的选手，另一名中国选手顾原以 65.13 米夺得第二名。日本选手绫真澄以 62.67 获得第三名。

张文秀赛后说，能够打破亚洲纪录非常开心，她表示希望能够打破世界纪录，"能够在北京奥运会上取得自己最好的成绩。"

世锦赛上摘铜

张文秀与观众握手庆祝

2007 年日本大阪世界田径锦标赛上，亚运会冠军、亚洲纪录保持者张文秀是中国田径队在世锦赛田赛的夺牌希望，这已经是她第四次出征世锦赛，丰富的大赛经验有助于她更好地发挥出自己的水平。女子链球资格赛，中国本有三名女将

张文秀、刘瑛慧和郝帅携手参赛，但最终只有张文秀以 71.31 米的成绩

跻身决赛。克罗地亚选手布克利亚齐茨、古巴名将莫雷诺和德国选手海德勒分列预赛前三，布克利亚齐茨的成绩只有 74.69 米，而张文秀本人的最好成绩是 73.24 米，绝对有资格与众多好手一争高下。而且世界纪录保持者、俄罗斯名将莱森科因涉嫌服用兴奋剂而没有来到大阪，2005年赫尔辛基世锦赛冠军、俄罗斯老将库岑科娃在资格赛中被淘汰，客观上也为张文秀夺得奖牌创造良好的外部条件。

从资格赛的整体情况来看，对手们的状态普遍一般，张文秀虽然距世界一流还有一段距离，但如果能发挥出自己的最佳水平，还是很有可能为中国田径队拿下本届世锦赛的第一枚奖牌，最终的结果也是皆大欢喜。决赛 12 名选手的争夺十分激烈，第一投就有四位选手的成绩超越 70 米，波兰的斯科利莫沃斯卡异军突起取得 73.75 的成绩，古巴名将莫雷诺和俄罗斯的孔涅维特塞娃分别投出 72.84 米和 72.45 米，中国选手张文秀犯规没有成绩。第二投张文秀发挥出色，投出 73.11 米的佳绩，一跃上升至第三位。德国名将海德勒在第一投犯规的情况下沉着冷静，74.76 米的成绩令其排名首位。前三投结束后张文秀排名第三，海德勒和孔涅维特塞娃紧随其后。

淘汰掉后四位选手后，前八名运动员展开最后三投的争夺。第四投先是莫雷诺投出 74.33 米，随后张文秀又投出 74.21 米的好成绩，继续排名在第三位。关键的第五投，张文秀大发神威投出 74.39 米的佳绩，排名升到第二，大有获得银牌的架势。不料最后一投古巴名将莫雷诺掷出 74.74 米，名次再次发生变化，而张文秀则由于犯规失去冲击前两名的机会。最终结果张文秀以 74.39 米的成绩夺取该项目铜牌，这也是中国选手在本届世锦赛上获得的首枚奖牌。

北京奥运会上改写历史

张文秀在北京奥运会上的表现可以用"稳定"来形容，预赛时，第一投即投出了 73.36 的成绩，并最终凭借这唯一一次投掷位居小组第一，成功晋级决赛。决赛中，她首次就将链球掷出 74 米远，创造了当年以来的个人最好成绩，随后的第二掷，最好成绩又向前推进 0.32 米。令人惋惜的是，张文秀后面的 4 次试投次次成功，却始终没能让成绩更进一步。"对我

张文秀在比赛中

来说，每场比赛都是与自己的比赛，只要发挥出水平，不管是第几，尽最大的努力，我觉得就是成功。"对张文秀而言，"稳定"已经做到，只等"突破"的一天，"我的目标，首先是突破 75 米大关。"

志在冠军的张文秀只位居第三，不过改写了中国女子链球在奥运会上无奖牌的历史。一年前，张文秀已经在日本大阪田径世锦赛上收获过一枚同样成色的奖牌，那时，她高兴得像个孩子。"这次没大阪时激动，因为我的目标当然是奥运会冠军。虽然今天没有拿到，但是这永远是我的目标。"张文秀说："等到 2008 奥运会实在不容易，我也准备了这么多年，就为了这场比赛。今天这成绩只能说正常发挥。"这已经是张文秀的第二次奥运之旅，4 年前，她只得到了第七名。她说："参加这一届奥运会跟 2004 年雅典时很不一样，毕竟这是在本土作战，观众们也给了我很多支持和动力，我非常感谢他们。"

广州蝉联亚运金牌

2010 年广州亚运会田径比赛在广东奥体中心进行。在女子链球决

赛中，中国选手包揽了冠亚军，其中张文秀以 72.84 米的成绩夺得冠军，蝉联亚运会金牌。

女子链球比赛，中国派出了张文秀和王峥的双保险。张文秀是北京奥运会的铜牌得主，并且保持着 74.86 米的亚洲纪录。在 9 月份洲际杯上，张文秀夺得了一枚银牌，显示了不错的状态。

决赛第一轮，张文秀一上来就掷出了 67.44 米的成绩，暂列第一。王峥状态平平，本轮成绩为 63.83 米。经过短暂的调整，王峥在第二轮发挥出色，掷出 68.17 米之后反超至首位。张文秀在这一轮的成绩为 66.42 米，她自己对这个成绩也不是很满意。

第三轮，张文秀终于找回了状态，她在这轮掷出了 72.26 米的好成绩，重新夺回了第一的位置，王峥则因为犯规没有成绩。第四轮，中国两位选手的成绩未能更进一步。第五轮，张文秀再次发威，将成绩提高至 72.84 米，进一步扩大了领先优势。

最后一轮，王峥只投出了 66.59 米的成绩，未能成功逆转。最终张文秀以 72.84 米的成绩夺得冠军。

张文秀在领奖台上

伦敦奥运会的悲情遭遇

在伦敦奥运会女子链球决赛中，中国选手张文秀扔出 76.34 米，连续两届奥运会获得铜牌。可是在德国队申诉后，张文秀成绩被德国海德勒超过，退居第四。俄罗斯名将莱森科以 78.18 米的成绩打破了奥运会纪录夺得金牌，波兰选手维洛达茨克以 77.60 米摘得银牌。

张文秀决赛里排在第一个出场，第一投链球出手后碰到了网，这影响了她的成绩，只有72.96米。不过在第二投张文秀及时做出调整，她发挥出水平扔出76.34米排名第二位。莱森科第一投就扔出77.56米确保处于领先位置。

三投结束后剩下8名选手进入最后决战，海德勒第五投扔出了超过77米的成绩，可是裁判却举起红旗示意她犯规。海德勒提出申诉，裁判反复观看录像回放判定她的右脚稍稍踩到了圈外犯规，她的这一成绩被取消，最终这影响了她的情绪再没能扔出好成绩名落孙山。

第五投莱森科再接再厉扔出了78.18米，她巩固了领先位置。波兰的维洛达茨克在第五投扔出了77.10米超越张文秀排名第二位，最后一投她又扔出77.60米确保第二位。张文秀最后一投放手一搏，可是过于想发力反而导致反效果，她的链球又碰到了围网，最终成绩留在了76.34米。莱森科如愿夺取金牌，维洛达茨克收获银牌。

张文秀遭遇"改判风波"，到手的铜牌变为第四名。获得第三名的海德勒水平确实很高，"她是世界纪录保持者，能投出77米也很正常，问题在于裁判的不妥处置。"田管中心副主任冯树勇不解的是，当时海德勒明明没有犯规，投球也有落点，为什么不把距离测量清楚，让选手们踏踏实实比赛。海德勒经过抗议后裁判让她重投，有些莫名其妙，也不太合适，"冯树勇说，"这就造成了张文秀在最后一投时认为已经获得第三，有所松懈。"他认为，选手在那个时候发现很难追赶前面的对手，确实会有些松气。但如果明确知道自己位列第四，就会奋力一搏，存在投出好成绩的可能性。

张文秀在接到国际田联的裁决后心里很难过，但冯树勇认为"也没什么不可接受的"。"毕竟实力上有差距。张文秀的报名成绩还排不到第四名，能比到第三、第四，已经非常优秀了。"

标枪运动明星花絮

"标枪王国"的王者——雅尔维宁

马蒂·雅尔维宁，1902年生于芬兰坦佩雷的一个体育世家。其父威尔纳是芬兰田径界元老，曾获得过1906年雅典非正式奥运会（亦称"届间奥运会"，为纪念现代奥运会复兴十周年而举办）希腊式铁饼的金牌和1908年伦敦第4届奥运会的铁饼和标枪比赛的名次奖，大哥伊里奥，投标枪近60米。二哥凯勒在1932年曾创造过铅球芬兰全国纪录。三哥阿基莱斯在1928年阿姆斯特丹第9届奥运会上获十项全能银牌。

雅尔维宁

雅尔维宁自幼受到家庭的熏陶，也开始迷恋田径运动，对投掷标枪甚感兴趣。他拿着比他个儿高得多的标枪练习，尽管总是输给别人，但他立志长大后一定要夺个世界冠军给周围的人看看。他十分崇拜第7届、第8届奥运会男子标枪两枚金牌获得者——芬兰选手约尼·米雷，他朝思暮想能有一日见到这位英雄。为了满足他的愿望，父亲特邀请米雷来自己家，雅尔维宁面对冠军说出了自己的心里话："我也想成为像你一样的奥运会冠军。"米雷鼓励他要刻苦训练，将来一定能夺得冠军。

雅尔维宁开始了顽强的训练。开始，他的成绩并不理想。15 岁那年，他参加了在首都举行的全国中学生运动会，却得了个倒数第一名。人们讥笑他，各方冷遇他。但他并不灰心，他觉得虽然失败了，却取得了比赛的经验，只要更加顽强地进行训练，胜利总有一天会到来的。两年后，他的成绩果然有了长足的进步，在一次少年比赛中，他投出 54 米的好成绩，荣获第四名。1929 年，他 20 岁时的标枪成绩已达到 66.75 米（比第 9 届奥运会标枪冠军的成绩还多 0.15 米），首次成为全国冠军，并开始向世界纪录冲击。

1930 年 8 月 8 日，雅尔维宁在维堡终于成了世界纪录的创造者，成绩是 71.57 米。紧接着他在一个多月内又连续 3 次改写自己保持的世界纪录：71.70 米（8 月 17 日在坦佩雷）、71.88 米（8 月 31 日在瓦萨）、72.93 米（9 月 14 日在维堡）。世界标枪的历史开始进入了"雅尔维宁时代"。

1932 年 6 月 27 日，他在图尔库第五次刷新世界纪录，成绩是 74.02 米。接着，他出征洛杉矶第 10 届奥运会，在标枪比赛中六枪中有五枪成绩超过 70 米，他以 72.71 米夺得金牌，被人们称为"尖子中的尖子"。值得一提的是，当时同样来自芬兰的其他两位选手也获得了第 2、3 名的成绩，充分体现了"标枪王国"芬兰的强大优势。

奥运会后，雅尔维宁的标枪成绩又有了新的飞跃。1933 年，他在一个月内又 3 次刷新了世界纪录：74.28 米（5 月 25 日在米克利）、74.61 米（6 月 7 日在瓦萨）、76.10 米（6 月 15 日在赫尔辛基）。

1934 年 9 月 7 日，他在都灵举行的欧洲田径锦标赛上，第 9 次创造新的世界纪录——76.66 米，并且首次成为欧洲冠军。两年后，他在赫尔辛基第 10 次打破世界纪录，成绩是 77.23 米。同年 8 月，背部受伤未愈的雅尔维宁来到了柏林，参加第 11 届奥运会，未能发挥出水平，只投了 69.18 米，失去了蝉联冠军的希望，仅取得第五名。1938 年，他蝉联了欧洲田径锦标赛的冠军，成绩为 76.87 米。

在雅尔维宁漫长的比赛生涯中，曾 9 次投过 76 米以上，20 次投过 75 米以上，40 次投过 74 米以上，57 次投过 73 米以上，整个 20 世纪 30 年代他所向无敌，因此他被人们称为"运动成绩完美的象征"。从 1929 年至 1942 年他共 12 次获芬兰冠军（1932 年因参加奥运会尚未返国，未参加全国比赛）。他共 19 次代表芬兰参加国际比赛，获胜 15 次。从 1930 年至 1936 年他 10 次打破男子标枪世界纪录，成为世界田径史上打破男子标枪世界纪录次数最多的选手。

为了纪念雅尔维宁为芬兰赢得的荣誉，1952 年后，当第 15 届奥运会在芬兰的赫尔辛基举行时，芬兰人在主体育场正面入口处修建了一座宏伟壮观的白塔。这座白塔高 72.71 米，这正是 20 年前雅尔维宁在洛杉矶奥运会上所创造的成绩。这届奥运会的会徽也同样以这座白塔作为主题，充分寄托了芬兰人对奥运会英雄的无比深情。

"永久世界纪录"的创造者——霍恩

现代比赛用的标枪，男子重 800 克，长 260 至 270 厘米；女子重 600 克，长 220 至 230 厘米。投掷场地有 25 米至 35 米长的助跑道，投掷有效区为约 29 度的扇形地带。

20 世纪 50 年代初，美国标枪运动员赫尔德通过研究标枪的空气动力性能，最早创造出"滑翔标枪"，也叫"赫尔德标枪"，大大提高了标枪的飞行距离。

说到距离，很多项目都是努力创新器械技术，用来提高运动成绩。

惟独标枪这个项目对器械进行了一定的技术限制，用来抑制成绩的快速提高，甚至是降低成绩，因为这里涉及到了人身安全的问题。

前民主德国的乌威·霍恩是推动人们限制标枪成绩的关键性人物，他是男子标枪"永久性世界纪录"的创造者。

乌威·霍恩

霍恩1962年出生于前民主德国的阿尔腾堡，从小喜爱体育运动，尤其擅长投掷标枪。1975年13岁的霍恩开始进行标枪训练。1977年获得全国少年比赛的标枪冠军。1980年获全国青年冠军。1981年以85.56米的成绩获欧洲青年冠军。1982年霍恩以91.34米的成绩首次获得欧洲田径锦标赛的冠军，并战胜了奥运会冠军、前民主德国选手库拉，引起世界田径界的广泛关注，被视为世界男子标枪的"希望之星"。

为了能打破世界纪录，霍恩在教练沃尔特尔的指导下，加强了速度和力量训练，并对自身的技术作了进一步改进，形成了助跑速度快，加速节奏好，最后用力充分的技术特点。由于技术的改进和能力的提高，霍恩的成绩节节上升，直逼世界纪录。

1984年7月20日19时57分是霍恩一生中最辉煌的时刻，他在东柏林举行的第22届奥林匹克日田径赛上，以104.80米的惊人成绩，把原99.72米的世界纪录一下提高了5.18米，成为第一个突破男子标枪"百米大关"的运动员，堪称世界田坛一大奇迹。

人们在兴奋之余，想到了一个非常严重的问题，如果标枪向左或向右侧方向稍偏一点就上看台了，那样的话，后果将不堪设想。因为安全问题，国际田联决定，自 1986 年 4 月 1 日起把男子标枪的重心前移 4 厘米，以此限制标枪的滑翔性能。这样一来霍恩所创造的 104.80 米的男子标枪世界纪录，也就成了"永久世界纪录"。

1984 年因前民主德国抵制洛杉矶奥运会，使霍恩失去了夺取奥运金牌的机会。1985 年在第 4 届世界杯田径赛上，他以 96.96 米的成绩获得金牌。1984 年霍恩被《国际体育通讯》评选为"世界最佳运动员"。

1987 年国际田联庆祝成立 75 周年时，将他创造"永久世界纪录"的奇迹，评选为世界田坛 75 年来"100 个金色时刻"之一。

"标枪王"泽列兹尼

泽列兹尼 1966 年生于捷克马拉达博列斯拉夫，他在标枪上有良好的遗传基因，他的父亲兼第一任教练雅罗斯拉夫和母亲吉安娜都从事过这项运动。在泽列兹尼年轻的时候，他还曾打过手球，但他的天赋是无法被忽视的，在赢得 1987 年世锦赛铜牌后，泽列兹尼开始了对标枪项目的统治。

泽列兹尼

1988 年，泽列兹尼作为标枪世界纪录保持者，参加了汉城奥运会。在这届奥运的资格赛中，他就打破奥运会纪录，决赛中，他一直领先，但在最后一轮被芬兰运动员科尔尤斯超过，遗憾地错失金牌。汉城奥运会之后的几年，泽列兹尼的状态有些低迷：1990 年他在欧洲锦标赛第一轮就被淘汰，1991 年世界锦标赛也没有闯过第一轮。

然而，在 1992 年西班牙巴塞罗纳夏季奥运会上，泽列兹尼又重新找回了自己的最佳状态，他在决赛的第一轮中就确定夺冠优势，并顺利夺得金牌。

1996 年，77 千克的泽列兹尼是参加美国亚特兰大奥运会所有标枪运动员中体重最轻的，在决赛中，泽列兹尼在第二轮开始取得领先优势，成功卫冕。

2000 年澳大利亚悉尼夏季奥运会上，泽列兹尼第三次夺得这个项目的奥运金牌，成为奥运历史上唯一一位三次夺得标枪比赛冠军的运动员。泽列兹尼还参加了 2004 年希腊雅典夏季奥运会，但只名列第 9。

泽列兹尼在比赛中

泽列兹尼在 1993、1995 和 2001 年世锦赛上三次折桂，他先后 5 次打破世界纪录，在 2000 年还被评为国际田联年度最佳运动员。

然而有意思的是，泽列兹尼从来没有获得过欧洲冠军，他只在 1994 年的赫尔辛基和 2006 年的哥德堡两获铜牌。当泽列兹尼在哥德堡欧锦赛上完成最后一次试投后，在场的瑞典观众全体起立向他鼓掌致敬。

当三次世锦赛和三次奥运冠军得主泽列兹尼在 2006 年正式宣布退役时，标枪运动历史上的很多辉煌时刻注定要和他的名字联系在一起。他在 1996 年创造的 98.48 米的世界纪录至今仍无人打破。

北欧双子星：皮特卡马基与索尔基德森

皮特卡马基，1982 年生于芬兰，曾获得 2007 年大阪田径世锦赛男

皮特卡马基

子标枪冠军，也是 2008 年北京奥运会该项目铜牌获得者。皮特卡马基运动生涯可谓辉煌，是 2007 年大阪田径世锦赛男子标枪冠军，他与挪威名将索尔基德森既是竞争对手，也是很好的朋友。皮特卡马基在 2004 年雅典奥运会获得男子标枪第八名，在此之后，他的技术与竞技状态不断提高，逐渐成为世界男子标枪的领军人。他曾在 2005 年创造了 91.53 米的个人最好成绩。2007 年，皮特卡马基荣膺欧洲最佳男子田径运动员称号。

索尔基德森，1982 年生于挪威，11 岁开始标枪训练，2001 年 6 月创造男子标枪世界青年纪录（83.87 米）2004 年奥运会男子标枪金牌，黄金联赛卑尔根站第三名，盖茨海德超级大奖赛第三名。索尔基德森身体与其他标枪运动员相比并不强壮，但是出手速度极快，这是他最大的技术特点。他是 2004 年雅典奥运冠军。2008 年 8 月 23 日，北京奥运会田径男子标枪决赛中，索尔基德森以 90.57 米的成绩打破该项目奥运会纪录，蝉联冠军。

2009 年国际田联黄金联赛第二站奥斯陆的比赛将于 7 月 3 日举行，在众多欲冲击百万美元黄金大奖的世界高手中，男子标枪将成为这个在北欧具有悠久传统并深受欢迎的重头戏。其中，两位代表人物，挪威的奥运冠军索尔基德森和芬兰的世界冠军皮特卡马基将上演第 44 场对决。

标枪一直是每年黄金联赛男子比赛项目之一，也是每年 6 站黄金联赛中最受重视的比赛，3 次世界纪录在比斯莱特体育场诞生。其中男子两次是挪威的帕特森和捷克的泽列兹尼、一次女子是挪威的哈特斯塔德。从历史上看，挪威也涌现出许多男女标枪世界名将，像 1956 年的奥运会冠军及世界纪录创造者丹涅尔森，1964 年的帕特森（两次）及多次女子世界纪录创造者及奥运会和世界冠军哈特斯塔德等。

27 岁的索尔基德森是当今挪威男子标枪大红大紫的人物，两次染指奥运会金牌（2004 年雅典和 2008 年北京），并在 2006 年创造了 91.59 米历史上第六个世界最好成绩。他将接受 26 岁的芬兰世界冠军皮特卡马基的强力挑战，后者曾

索尔基德森

在 2005 年创造了 91.53 秒的历史上第七个世界最好成绩，被媒体称为是索尔基德森的"一个伟大对手"。自 2001 年以来，他俩曾 43 次同场博弈，索尔基德森以 24 胜 19 负处于领先。

不过，在比斯莱特体育场，索尔基德森和皮特卡马基平分秋色各胜两次，前者 2006 年和 2008 年；后者 2005 年和 2007 年。在北京奥运会上，前者夺金，后者夺银。在今年的比赛中，索尔基德森虽然以 88.97 米排名世界第二，超过了以 86.78 米排名第三的皮特卡马基，但在首站黄金联赛柏林站的比赛中，芬兰小子却击败了挪威人夺冠，使其失去了争夺百万美元黄金大奖的机会。

因此，此次索尔基德森能否利用东道主的优势将皮特卡马基拉下冲击百万美元黄金大奖的阵容，将是最具看点和悬念的比赛之一。参与角逐的还有北京奥运会第五名、芬兰人威尔卡拉，拉脱维亚 2008 年世界田径总决赛冠军瓦西列维斯基，他目前以 90.71 米保持着当年世界最好成绩，另外还有他的同胞科瓦尔斯及全美冠军希尔，堪称是当今世界上

北欧双子星

所有男子标枪高手的一次聚会，争夺一定十分激烈。

然而这场万众瞩目的巅峰对决，最终的比赛结果胜负明显：索尔基德森以87.75米获得冠军，皮特卡马基以84.09米获得亚军。

"亚洲标王"张连标

张连标，1969年生于湖南省邵阳县，我国著名标枪运动员，是20世纪90年代中国田径项目中少有的优秀运动员，他创造的83.38米的男子标枪成绩作为全国纪录保持了近8年之久，在7年的时间里，他在亚洲无人能敌，因此也有了"亚洲标王"的美誉。

7年"独孤求败"

喝资江水长大的张连标，祖籍河北，遗传因子给了他一副好身材。在邵阳第二纺织机械厂子弟学校读书时，他因为身高突出便已经"鹤立鸡群"。

"1984年11月19日，我永远都记得这一天，那是我来到省田径队的日子。"因为有着出色的天赋和基础，张连标被邵阳市体校选送到省田径队来练习标枪。那一年，他15岁，同许多孩子一样，他在很小的年纪成为了一名当时令人羡慕的

张连标

专业运动员。

省田径队专业而科学的训练让这名天赋极高的小伙子进步神速。1991 年 6 月 5 日，张连标在全国田径锦标赛上"一鸣惊人"，让标枪飞出了 82.60 米的全国新纪录。在此后的 7 年时间里，张连标竟然成为了

张连标与队医交流

亚洲男子标枪赛场上的"独孤求败"，被人称为"亚洲标王"，他还参加了 1992 年和 1996 年的两届奥运会。

他把最闪光的时间定格在了 1994 年的 10 月 16 日，那是广岛亚运会的最后一天，他以 83.38 米的成绩获得了男子标枪的金牌，这一纪录刷新了当时的全国纪录和亚运会纪录，也实现了他自己多年的夙愿。

他 1995 年 8 月入选国家田径队，参加世界大学生运动会。1995 年 9 月入选国家田径队，参加亚洲田径锦标赛。1996 年 6 月入选国家田径队，参加亚特兰大奥运会。1997 年 5 月入选国家田径队，参加东亚运动会。1997 年 12 月入选国家田径集训队，备战亚运会。

运动生涯的转折点

那几年环顾四周，张连标曾感叹高手的寂寞。但一名田径运动员运动生涯的"黄金期"能够坚持数年已属不易，年龄加上伤病让 1998 年的曼谷亚运会成为其运动生涯的转折点，他在第二次试投时扭伤了左脚，早早地由一名参战者变成了一名观战者。不过他仍然依靠第一投的成绩获得了亚军，那是 7 年来他的第一次失败。

回想起当年的场景，张连标现在已经释然，"那一次失败也许是已

经注定好的，因为我总会迎来自己状态下滑的一天，只是时间的早晚而已。"

喝资江水吃辣椒长大的张连标，具有湘中人的那种倔强劲。2001年的全国九运会，已经30多岁的张连标在男子标枪决赛中，以0.43米之差输给了浙江的后起之秀李祥荣，屈居亚军。虽然没能夺得金牌，但看台上的观众，包括张连标的教练吴裕民都对张连标在退役前的"最后一枪"竖起了大拇指。确实，为了那届全运会，张连标付出了太多太多，赛前他的腰和腿都有伤，比赛时他忍着疼痛，仍投出了80.72米的好成绩。

人生角色的转变

在全国九运会后，张连标正式退役成为省体工大队的副队长，2002年，他开始担任省体工大队的书记，搞起了行政工作。现在的他已经是湖南省田径管理中心的主任。这名昔日田径场上的铮铮铁汉，正努力地完成着自己人生角色的转变。

"其实相对于做运动员，做行政工作要更加费心费力。做运动员的时候管好自己就可以了，现在的田管中心是在以前省体工大队基础上成立的，退休人员加上运动员、教练员有近两百人，事情很多也很杂。"

在2005年的全国十运会上，湖南田径队一金未得的结果多少让人有些尴尬，因为从1987年的六运会开始湖南每一届都会有金牌入账。对于这一成绩，张连标也表现得无可奈何，"由于市场经济的冲击以及其他因素的影响，湖南省田径人才最近这些年流失特别严重，省专业队缺少新鲜血液的输入，人才匮乏让我们面临着很大的压力。"

对于张连标来说，现在最渴望的就是湖南田径的大环境能够逐渐好起来。"很多的事情我们不可能一下就可以改变，但我们希望现在有更多的人能够来关注和关心湖南田径的发展，大家一起集思广益来探索解决困难的方法。"

辉煌战绩回顾

他在田径赛场上一路走来，战绩辉煌。

1993年11月，参加在菲律宾马尼拉举行的第10届亚洲田径锦标赛，以78.96米的成绩夺得男子标枪冠军。

1994年6月5日，参加在北京举行的全国田径锦标赛暨亚运会田径选拔赛男子标枪比赛，以80.08米的成绩获冠军。

1994年9月，参加在英国伦敦举行的第7届世界杯田径赛男子标枪比赛，以76.96米的成绩获冠军。

1994年10月16日，参加在日本广岛举行的第12届亚运会男子标枪比赛，以83.38米的成绩获冠军。

1995年4月30日，参加日本东京举行的织田纪念国际田径赛男子标枪比赛，以74.94米的成绩获冠军。

1995年5月，参加在太原举行的全国田径锦标赛男子标枪比赛，以77.34米的成绩获冠军。

1995年9月1日，参加在日本福冈举行的第18届世界大学生运动会男子标枪比赛，以79.30米的成绩获冠军。

1995年9月20日，参加在印尼首都雅加达举行的第11届亚洲田径锦标赛，以79.60米的成绩夺得男子标枪冠军。

1996年4月29日，参加在日本东京举行的织田纪念国际田径赛男子标枪比赛，以74.10米的成绩获冠军。

1996年5月8日，参加在南京举行的全国田径奥运选拔赛男子标枪比赛，以80.40米的成绩获冠军。

1996 年 9 月 24 日，参加在石家庄举行的全国田径冠军赛，以 79.83 米的成绩获男子标枪冠军。

1997 年 5 月，参加在韩国举行的第二届东亚运动会田径比赛，以 77.80 米的成绩获男子标枪冠军。

1997 年 7 月 30 日，参加在北京举行的全国大学生运动会田径比赛，以 68.98 米的成绩获男子标枪冠军。

1998 年 7 月，参加在日本福冈举行的第十二届亚洲田径锦标赛，以 77.61 米的成绩获男子标枪冠军。

1998 年 9 月，参加在北京举行的 98 年全国田径锦标赛暨曼谷亚运会选拔赛，以 78.95 米的成绩获男子标枪亚军。

1998 年 12 月，参加在泰国曼谷举行的第十三届亚运会田径比赛，以 78.58 米的成绩获男子标枪亚军。

中国标枪新星——陈奇

陈奇

陈奇，1982 年生于上海，1990 年 9 月进入上海市长宁区业余体校；1995 年 12 月进入上海市第二体育运动学校；1998 年 8 月进入上海体育运动技术学院，教练钱国军；2002 年入选国家集训队，教练钱国军。

他一路走来，战绩辉煌：1999 年全国城市运动会男子标枪冠军；2004 年全国田径锦标赛男子标枪冠军；2005 年全国田径锦标赛男子标枪冠军；2005 年十运会男子标枪亚军；2006 年意大利田径四国赛男子标枪冠军；2006 年田径世界杯男子标枪第四；2006 年英国伯明翰中英美俄四国赛男子标枪冠军；2006 年多哈亚运会男子标枪第四；2007 年亚洲田径锦标赛男子标枪冠军。

在 2009 年 10 月的十一运会标枪赛场上，助跑，跨步，投掷——配合着体育场里"嗖嗖嗖"的电脑音效，上海选手陈奇投出的标枪像离弦之箭一般飞了出去。随着"噗"的一声伴奏，标枪牢牢钉在了地上，全场观众传来一声惊呼——79.57 米，好成绩！

陈奇握起了拳头，有了这个成绩，他心里就有底了。不过那时他还没想到，这个成绩最终使他获得了十一运会的男子标枪冠军。

陈奇从 13 岁开始练标枪，到 2009 年 10 月已是参加过三届全运会的"老枪"了。从九运会的第五名，到十运会的亚军，再到这届的冠军，陈奇完成了一个"三级跳"。

练标枪讲究力量和爆发力，陈奇长得很斯文，乍一看很难把他和标枪运动员联系在一起。生活中的陈奇确实挺"文绉绉"的，拥有本科文凭的他平时喜欢看书。

尽管冠军来之不易，但陈奇在赛后显得比较冷静。"三届全运会，我一步一个脚印走过来了，今晚证明了自己。比赛之前一直和伤病作斗争，天道酬勤，这个冠军是对我努力付出的最好回报。"陈奇自己这样总结。2007 年的一次受伤让陈奇在之后的一年里几乎都在养伤，所以当天的这个冠军对他来说有特别的意义。"赛前我对自己说，我这次的目标就是要战胜自己，最大的对手就是我自己，要轻装上阵。"

当年 27 岁的陈奇也被问到了退役的问题，对此他不置可否，因为当天和他同场竞技的，还有十运会冠军、37 岁的浙江老将李荣祥。"还是等全运会后再看吧。作为运动员我这个年龄不小了，但标枪这个项目的运动寿命比较长，所以我想我和标枪的缘分可能还会继续。"

陈奇（中）在领奖台上

值得一提的是，赛场外的陈奇是一个电脑高手，不管是硬件方面还是软件方面，没有他不精通的。住在莘庄基地的队友们的电脑一遇到问题，想到的就是陈奇，而陈奇则会用最短的时间，使"受伤"的电脑恢复"健康"。其中包括"飞人"刘翔的电脑，每次翔飞人被自己的电脑"折磨"时，都是陈奇帮他摆平。

电脑是陈奇最好的伙伴，一有时间，他就会坐在电脑前或是研究软硬件技术，或是与电脑痛痛快快地"杀"上一盘忘却伤病的疼痛。赛场之外，他就像一个热心的侠客，替队友解决各种电脑问题。

蝉联残奥会金牌的郭伟

郭伟1982年生于上海，脑瘫田径运动员，两次获得残奥会标枪项目金牌，多次打破世界纪录。1999年，郭伟开始参加田径训练。2004年，在雅典残奥会上，一举夺得跳远、标枪、铅球3枚金牌，并打破前两个项目的世界纪录。2005年被评为"上海十大杰出青年"。2006年在马来西亚举行的第九届"远南"运动会上，勇夺铁饼、标枪、铅球3枚金牌，打破3项世界纪录，并被评为"最佳男运动员"；2006年，在国际残疾人田径世界锦标赛上，一举夺得铁饼、标枪、铅球3枚金牌并打破3项世界纪录。在北京2008年残奥会男子标枪F35/36级决赛中，他以56.07米的成绩打破世界纪录并获得冠军。

在北京奥运会上，国家体育场"鸟巢"见证了牙买加短跑团队的疯狂、伊辛巴耶娃的喜悦，但遗憾的是，"鸟巢"的田径赛场上始终没有响起中国国歌，这一遗憾在残奥会赛场上被打破，姚娟和郭伟两名标枪选手以狂破世界纪录的表现，让数万观众感受到了国歌嘹亮，其中两次打破世界纪录的男子F35/36级标枪冠军郭伟，不仅成功实现了卫冕，也为上海夺得了本届残奥会首枚金牌。

郭伟

上午10时40分，姚娟率先让"鸟巢"疯狂起来，她四次打破世界纪录，一举将北京残奥会的田径首金——女子标枪F42/46级金牌收入囊中，赛后激动的姚娟手持五星红旗绕场一周，与现场观众分享胜利的喜悦，她终于实现了追求了8年的梦想。

而下午18点，上海名将郭伟登场，他的夺冠过程更是酣畅淋漓，第一投便投出了54.92米，打破了自己所保持的世界纪录，让所有的对手都望而兴叹，5个对手中成绩最好的也不过只有42.88米。第二投郭伟一发而不可收，他快速助跑、奋力一掷，56.07米，刷新了自己刚创造的世界纪录。虽然此后四投，他没再改写纪录，但56.07米的成绩已经足够让他把金牌牢牢地攥在手中。

"上午姚娟的胜利也鼓舞了我，说实话，我第一投就是冲着世界纪录去的，毕竟原来世界纪录也是自己保持的。可惜姚娟破了四次世界纪录，我只有两次。不过56.07米的成绩也超出了我的预期了，我平时最好成绩，也就55米左右。而且这次'鸟巢'的气氛真的是没得说，那么多人为我们加油，我上届拿了冠军，这次更想把金牌留在中国了。"

相对于姚娟上午的激情，夺冠之后的郭伟显得有些冷静，他接过看

郭伟在赛场上

台上领队扔下来的国旗，披在身上，"我现在右脚有些伤，所以没敢做太多庆祝动作，再说后边还有两个项目。"

在揽下雅典和北京两届残奥会冠军之后，郭伟在这个项目上的统治地位已经不可动摇，"我的状态和实力，相比对手可能要占点优势，对手其实就是我自己。"当时谈到未来，郭伟也表达了坚持到伦敦奥运会、继续称霸男子标枪 F35/36 级别的信心，"现在成绩比他们好这么多，干嘛要放弃？我现在才只有 4 枚奥运金牌，目标嘛，就 10 块吧。"年轻的郭伟，还打算在田径场上继续拼搏下去，"我现在的想法，会努力坚持到 40 岁。"那最后的收获肯定不止 10 金，郭伟笑了笑说，"一步步来，初步的目标就是 10 枚奥运金牌。"记者笑问为什么不多报几项，郭伟笑着说，"我倒想，但残奥会田径比赛限报三项比赛。"

郭伟能走上体育道路也纯属偶然，2000 年上海备战全国残运会，教练到各区县选材时一眼就看上了爆发力不错的郭伟，"我之前也是没有过体育经历，连体育课都是免修的。"从 2002 年参加国际比赛，到雅典残奥会一鸣惊人，郭伟只用了 4 年就走上了巅峰，但提到为之付出的努力，郭伟显得很淡然，"我现在在一家公司里工作，不过每周都在保持训练，

郭伟夺冠后披国旗庆祝

这次参加残奥会还是跟公司请假出来的。公司的领导、同事都对我寄予了很高的期望，所以我也不能辜负他们的期望。"

从事体育锻炼 8 年，带给郭伟的改变，远不止几枚奥运金牌那么简单，"体育带给我的变化，就似换了一个人一样。以前在学校里一无是处，脚不好，哪里都不敢走。现在通过锻炼，对自己的帮助也很大。"

用标枪"看"世界的朱鹏凯

朱鹏凯 1987 年生于北京市海淀区，是中国男子五项全能、男子标枪运动员。在 2008 年 9 月 10 日，在国家体育场进行的北京残奥会男子标枪 F11/12 级决赛中，朱鹏凯以 63.07 米的成绩夺冠，并打破世界纪录。

用标枪驱散郁闷

上初中前，朱鹏凯有一双明亮的眼睛，能够看到蓝天、白云、红花和绿草。然而在他 15 岁那年，一次生病输液不幸导致药物中毒，他的两只眼睛渐渐开始模糊，就算坐在教室的最前排也看不清楚黑板上的字了。着急、焦躁、愤懑、绝望，小朱鹏凯感觉到这个世界正在从他的视野中消失。到后来，朱鹏凯的一只眼睛已经完全看不到东西了，而另外一只眼睛只有少许的光感。

"我一度沉沦过。"朱鹏凯坦言，而他的教练也告诉记者，朱鹏凯因为受不了这么大的刺激，甚至一度想到过自杀。在失明前，朱鹏凯专门练习过一段时间

朱鹏凯

的体育，也曾经想通过训练让自己成为一名运动员，因此有了一些运动的底子。失明后，朱鹏凯需要舒缓心中的郁闷。怎么办？去投标枪！朱鹏凯觉得，投掷标枪的那种爆发力可以驱散心中的郁闷。事有巧合，正是他在郁闷中的无意训练，让残联的人一眼相中。于是，朱鹏凯成为了北京市残联的运动员。

这是朱鹏凯人生的重大改变，"他是一名很内向的孩子。"朱鹏凯的教练韩松告诉记者，"你看，他现在自信多了。"

不是父子胜似父子

朱鹏凯的教练韩松是北京交通大学的一名老师，作为北京市残联的教练，他几年前遇到了朱鹏凯，那时候的朱鹏凯还没有完全从心理的阴影中走出来。

韩松记得，那时候的朱鹏凯比较瘦小，但是练标枪的天分却很好。"他善于用脑子训练，"韩松说，朱鹏凯的力量不足，在这个级别上，别人能举90公斤的杠铃，他只能举60公斤，但是他善于动脑，以此来弥补力量上的不足。

"酸甜苦辣我们都尝过。"韩松感慨地告诉记者，朱鹏凯家住北京海淀区，训练在交大。每天训练完了，韩松都要开车送弟子到车站，并看到他上车后才能离开，不管是酷暑，还是严冬，5年里风雨无阻。那些深夜送弟子回家的镜头，是韩松最深刻的记忆。

朱鹏凯与教练韩松

"我们在一起的时间，比我和儿子在一起的时间长多了。"韩松笑着说，他的儿子和朱鹏凯的年龄差不多，可是5年来，韩松根本不清楚他的儿子做什么想什么。现在，朱鹏凯这个眼睛接近失明的孩子比他自己的孩子还重要。

5年来训练只有一次罢工

5年来，朱鹏凯和他的教练韩松一起摸爬滚打，建立了深厚的感情。"这么多年，我和我的教练风里来雨里去，他就像我的父亲一样。"朱鹏凯说到自己夺金，想到了自己的教练，有些哽咽了，"我们除了晚上睡觉的时间，基本上都在一起。"朱鹏凯说。

5年里，教练韩松不仅在技术上指导朱鹏凯，更在事理上开导他，让他懂得了很多做人的道理。朱鹏凯记得，有一次，他因为总是训练不好，越练越生气，最后一扔标枪扭头走了。这一天，教练没有严厉地批评他，而是和他语重心长地讲了很多道理。在这一次谈话后，朱鹏凯再也没有"罢过工"。

第一次参加奥运会即夺冠

2008年9月10日，朱鹏凯在标枪F11/12级比赛中一共试投了五次，除去一次因起跑犯规，剩下四次每次都打破了原来的世界纪录。最终他以63.07米的好成绩夺冠。

结束比赛走到混合采访区时，朱鹏凯手里还握着国旗，激动的心情仍旧没有平复。拗不过众多媒体对于采访的坚持，朱鹏凯终于停下了脚步。

朱鹏凯说："这是我第一次参加残奥会，赛前我根本没有想到自己能得到冠军。但是到了场地之后，观众的欢呼声

朱鹏凯在比赛中

让我很兴奋也很激动，当然也会有一些紧张。不过，我越紧张劲就越多。"

第一投，朱鹏凯投出 58.16 米，这个成绩与他训练最好成绩 60 米已经相差无几。不过，朱鹏凯却并不满意，"第一投我没有量好步点，吃亏了。"当标枪出手以后，朱鹏凯距离投掷的白线还有一些距离。他在第二次试投时调整了步点，"第二次移了一点，但是太多，结果犯规了。"不过，这并没有妨碍朱鹏凯继续发挥好的状态。他说："第三投，还是像第二投一样状态很好。"63.07 米——朱鹏凯再次刷新世界纪录，并且创造了个人最好成绩。

实现三连冠的斯波塔科娃

斯波塔科娃，1981 年生于捷克，是一名出色的标枪选手。她原本是七项全能选手，标枪一直是她的强项，后来索性改练女子标枪，斯波塔科娃在国际田联总决赛一直都有精彩表演，2006 年以 66.21 米打破国家纪录赢得金牌，2007 年以 67.12 米打破国家纪录蝉联冠军，2008 年斯波塔科娃再次来到斯图加特，就是想在"福地"冲击世界纪录，实现三连冠。

斯波塔科娃在 2007 年大阪世锦赛上以 67.07 米赢得冠军威震田坛，2008 年北京奥运会她在雨天糟糕天气下，在落后俄罗斯名将阿巴库莫娃的危机形势下，顶住压力最后一投投出 71.42 米打破欧洲纪录赢得冠军头衔。北京奥运会之后，就有不少专家预言斯波塔科娃拥有着世界最好的技术，她的技术比一些著名男选手还好，必将打破世界纪录！

出征 2008 年在德国斯图加特田联总决赛的共有 8 名选手，斯波塔科娃和东道主选手奥博格福尔是夺金的最大热门。尽管斯图加特 14 摄氏度的天气稍微有些凉，但斯波塔科娃进入状态很快，第一投她就神奇

斯波塔科娃

的投出了 72.28 米，打破了世界纪录！其后的比赛斯波塔科娃没有再创佳绩，最终赢得冠军，拿到了 13 万美元的巨额奖金（10 万破纪录奖金和 3 万夺冠奖金）。德国人奥博格福尔以 63.28 米获得亚军，另一位东道主选手内里斯以 62.78 米获得铜牌。

自从 1999 年国际田联为保证观众和运动员安全，女子标枪重心向枪尖方向前移 3 厘米，降低飞行性能后，世界纪录的提高都变得异常困难，只有古巴名将梅内德斯和斯波塔科娃突破过 71 米大关，而斯波塔科娃这样一下子将世界纪录提高 58 厘米的壮举确实令人瞠目结舌。

标枪明星莱琳·弗朗科

莱琳·弗朗科，生于 1982 年，巴拉圭的标枪运动员，2004 年至 2012 年三次参加奥运会。被西方媒体称为奥运第一美女。弗朗科的第二职业是模特，2006 年获得了世界小姐称号。

弗朗科出生在巴拉圭首都亚松森。可惜她不是个男孩子，要不倒可能被送去踢足球，那才是这个南美国度的体育最爱——就像她的前男友巴里奥斯那样。

莱琳·弗朗科

巴拉圭没出过什么太有名的网球选手，但奇怪的是，弗朗科小时候却对这项运动挺喜欢的。也正是从网球场开始，她的体育之路渐渐向前延展。缺乏土壤的环境总让人有点沮丧，尤其在被教练善意劝告后，弗朗科渐渐看清了有关天赋的问题。这之后，她才将注意力转向了田径项目，并将标枪和三级跳远选作了自己的主攻项目。

世界小姐莱琳·弗朗科

2004 年参加完雅典会后，身高 1.74 米、体重 54 千克的弗朗科就被经纪公司相中，开始接触模特工作，凭借姣好的面容和健美的身材，她很快就入了行，并且显得相当适应。再之后，她开始通过参加选美比赛来提升自己的知名度。T台之上、镜头之前的弗朗科表现得从容不迫、得心应手。2006 年她还获得世界小姐称号。

"模特的工作是保证我参加标枪比赛的条件，它时间灵活，而且通过 T 台和人体模特能赚更多的钱。"在接受采访时，弗朗科道出了她的"秘密"。2004 年雅典奥运会，她的成绩平平，连资格赛也没能通过，在巴拉圭，像她这样的运动员几乎是没有经济来源的，政府也不会为她提供参加比赛的费用。如果莱琳想要参加北京奥运会，那么她就不得不四处"兼职"，一来保证自己的参赛费用；二来得到保持训练的机会。

在北京奥运会的开幕式上，当巴拉圭代表团入场时，电视机的镜头扫到了一位美丽的黑发女子，就是这么一个 5 秒钟的镜头竟然在网络上掀起轩然大波。她就是被西方媒体称为第一美女的巴拉圭的标枪运动员莱琳·弗朗哥。有趣味的是，莱琳的第二职业是模特，而她把自己走秀所赚的钱积攒用作参加北京奥运会的费用。

T 台上的莱琳·弗朗科

托卫星直播的福，在北京奥运会开幕式后，弗朗科的经纪人突然变得无比忙碌，两天内公司网站点击量激增了 200 万次，标枪美女的照片成了最热门的下载关注。弗朗科对自己的魅力一无所知吗？当然——不是这样。"从小时候开始，就总有人来夸我。从那时候我就隐约明白，外形是能够改变命运的。"当弗朗科在鸟巢的大屏幕上见到了自己，她有些激动，一时间就没想到这段影像已经转化为数字信号，传遍了整个世界。

在北京奥运会上，弗朗科在资格赛中被淘汰。离开北京之前，莱琳表示，自己恐怕不会参加下一届奥运会了，但她从不后悔选择了运动员这个职业。"在许多人看来，运动员会把自己练得很有肌肉，失去了女孩子的魅力，但我觉得，标枪这个运动让我看上去更美了，那不是漂亮衣服能达到的效果。"

然而，弗朗科在北京奥运会后，她的生活有了天翻地覆的变化。搜索，点击，再搜索，再点击，凭借眼球效应，这姑娘红了。

此后不久弗朗科为全世界 19 家杂志拍摄了封面照片，其中既有老家南美的媒体，也有欧美国家的老牌杂志。在出征北京前，弗朗科好不容易盼到了耐克的商业赞助合同，为期一年。但在北京行之后，这供需关系立马就倒转了，她成了炙手可热的红人。2009 年 2 月，斯蒂法诺·巴托奇终于代表弗朗科与耐克谈成了新合同，续约到 2012 年。这回她的身价已经被抬到了一年 50 万美元——涨了十倍都不止。

写真、走秀、出书、代言，在不少体育项目都颇显冷清的后奥运时代，弗朗科却是迎来了自己的春天。与她签了代言合同的品牌已达 10 个之多，虽并非个个都是国际大品牌，但在那段拮据的日子里，这些奇遇她可是做梦都想不到的。

然而，伦敦奥运会，弗朗科还是来了。赛前接受采访时，她说："我不指望能拿到奥运奖牌。对我来说，能参加奥运会就已经像是拿到奖牌那样了，能来伦敦就是最好的奖励。奥运会比赛竞争得非常激烈，很多选手的实力都比我强。但我认真训练，希望能赛出自己的最好成绩。"重在参与，弗朗科对自己的奥运定位相当明确。

不过，自打走红后，这位美女标枪手在参加商业活动之余，还是将相当一部分精力投注在了训练中。尤其从 2011 年开始，她更是大大收

莱琳·弗朗科在比赛中

心，目前她的个人最好成绩就是在委内瑞拉参赛时投出的 57.77 米。尽管与顶尖好手还有不小差距，但到底还是又一次获得了奥运资格。

"我的情况和大部分标枪选手都不一样。坦白说，我不仅仅是一名运动员，很多时候都生活在媒体的关注中。打开一本杂志，也许你们会看到我。当模特和走秀也是我的工作，占据了相

当一部分时间，那是我谋生的方式……不管是 T 台走秀还是做平面模特，都能赚更多的钱，它是我追逐体育梦想的一种方式。"

两获标枪残奥冠军的姚娟

姚娟，世界残奥史上一颗闪耀的明星，她三获残奥金牌，其中两块是标枪项目金牌。

姚娟 1988 年生于安徽六安，4 岁时的一场高烧后患上小儿麻痹症。病魔退却了，但姚娟却落下了脚掌内扣、左腿肌肉萎缩的残疾。但生性蹦蹦跳跳的她从小就在投掷项目上表现出惊人的运动潜质，16 岁的时候，因体育成绩比健康人还要突出，被教练钱顺发现，从此开始自己的运动生涯，没想到这一练就练了九年。

1998 年 5 月，姚娟代表锡山市参加无锡市首届残疾人运动会，初出茅庐，崭露头角，获得了女子站立 F10/11 级标枪、铅球、铁饼三个项目的冠军。当年 8 月，即被省选为优秀年轻苗子，参加夏季短期集训。

1999 年 9 月代表无锡市参加江苏省第五届残疾人运动会，一举超过了女子截肢 F42 级跳远、铅球、铁饼三个项目世界纪录，获得两块金牌和一块银牌，她以一人夺得 32 分的成绩为

姚娟

省第五届残疾人运动会超纪录和得分之最，被市政府残疾人工作协调委员会命名为自强模范。

2000 年 5 月，她又代表江苏省参加了在上海举行的第五届全国残

疾人运动会，在女子 F44 级标枪、铁饼、铅球比赛中，分别取得一金一银一铜的成绩。

全国第五届残运会后，她即入选中国残奥代表团，参加在澳大利亚举行的第 11 届残奥会，10 月 27 日在女子 F46 级标

姚娟在颁奖仪式上

枪比赛中以 37.56 米的成绩夺得冠军，获得金牌，打破了该项目的世界纪录，并获得女子铅球第四名。这次载誉回国后，姚娟荣获由团中央、中华全国青年联合会颁发的"中国青年五四杰出贡献奖章"和全国妇女联合会授予的"全国三八红旗手"光荣称号。

姚娟在比赛中

伤病是所有健全人运动员的天敌，但一种几乎让姚娟告别投掷运动的伤病降临到一个下肢残疾的运动员头上，不啻为另一场灾难。出征 2004 年雅典残奥会之前一次比赛中，姚娟不幸右手肘关节撕裂性骨折，这对于标枪运动员来说几乎是致命打击。带着这样的伤，姚娟在雅典残奥会上仅获得第五名，但赛后她表示雅典绝不是自己的终点。

姚娟告诉记者她喜欢这样一句话："对于一个残疾人来说，首先必须面对自己。"要想坚持下去，姚娟必须要像健全运动员一样克服伤病，不向命运低头的姚娟 2006 年获得了中国十佳劳伦斯冠军奖提名。

"这个伤让我做什么都可以，就是不能投枪，我最大的敌人就是自己，就是伤病。在这四年里，父母、教练还有国家队给了我太多太多的帮助和支持，是祖国给了我这么好的恢复和训练条件。"

在教练和队医的精心调教下，加上自己的意志，北京残奥会两个月前姚娟终于克服了伤病开始恢复训练。在南京国家训练基地备战的姚娟带着这颗"定时炸弹"每天坚持高强度训练六至七个小时，恢复了自己的巅峰状态。

2008 年北京残奥会女子标枪 F42/46 级决赛共有 13 名选手参加，其中 F42 级有 6 名选手，中国选手钟永渊、郑宝珠都是这一级别的选手，F44 级仅有中国选手姚娟，其他选手均为 F46 级。中国选手姚娟在当天的比赛中投出了 5 个有效成绩，分别是第 1 投的 40.29 米，第 2 投的 38.98 米，第 3 投的 40.34 米，第 4 投的 40.51 米，她也凭借这一关键的一投，获得了本届残奥会的金牌，之后，她还进行了第 5 投，投出了 37.67 米的成绩。

姚娟在此次比赛中，三度刷新世界纪录，以 40.51 米的成绩获冠军。这是江苏运动员在本届残奥会上获得的第一枚金牌，也是中国残疾人田径队在本届残奥会上的第一枚金牌。

姚娟在赛后发布会上说，感觉当天的比赛发挥很成功，对比赛结果很满意，"在中国的主场比赛感觉很难得，相当激动，也十分荣幸能参与其中，我觉得今天现场的观众给了我很大的动力，应该说是天时地利人和。"

"北京残奥会是我参加的第 3 次残奥会，我曾在 2000 年悉尼残奥会拿过女子标枪的冠军，但在 2004 年雅典残奥会时因肘关节的撕裂性骨折最终获得第 5 名。在那个时候曾经想过放弃，但一种运动员天生不服输的精神又促使我继续努力训练，我想在家门口把 2004 年在雅典丢失的那块金牌夺回来。"姚娟表示在她人生最低谷的时候，她的领导、教练、家人和朋友等很多人给予了她很大的帮助，，让她勇敢地面对一切挫折伤痛，重新回到赛场。

姚娟表示这次北京残奥会是一个舞台，让她很好地展示了自己，也体现了她的人生价值。"大家平常可能对残疾人的想法就是，残疾人需要不断得到社会上的帮助，但今天我想我可以说我没有成为社会的负担，我不仅体现了我自己的价值，而且我想我也给一些残疾朋友做了一个自己该做的小小榜样。"

姚娟夺冠后身披国旗绕场庆祝

对于未来是否还会继续运动员生涯，姚娟表示这主要得看未来残疾人田径竞赛规则的变化，还有她的肘关节撕裂性骨折，所以需要综合考虑各方面的因素。"我想如果祖国需要我的话，我会继续坚持下去！"姚娟说。

最后特别值得一提的是，出于安全方面的考虑，2012 年伦敦残奥会取消了标枪比赛，姚娟改练铅球，结果在残奥会上以 13.05 米的优异成绩，夺得女子 F42/44 级铅球比赛的金牌，同时打破了该项目 12.56 米的世界纪录。

PART 11 历史档案

链球运动的历史档案

男子链球世界纪录

世界纪录	创造者	国家（地区）	创造时间	地点
57.77 米	帕·瑞安	美国	1913.08.17	纽约
59.00 米	埃·布拉斯克	德国	1938.08.27	斯德哥尔摩
59.02 米	伊姆雷·内迈特	匈牙利	1948.07.14	陶陶
59.57 米	伊姆雷·内迈特	匈牙利	1949.09.04	卡托维兹
59.88 米	伊姆雷·内迈特	匈牙利	1950.05.19	布达佩斯
60.34 米	约瑟夫·切尔马克	匈牙利	1952.07.24	赫尔辛基
61.25 米	斯韦尔·斯特兰利	挪威	1952.09.14	奥斯陆
62.36 米	斯韦尔·斯特兰利	挪威	1953.09.05	奥斯陆
63.34 米	米·克里沃诺索夫	苏联	1954.08.29	伯尔尼
64.05 米	斯·涅纳舍夫	苏联	1954.12.12	巴库
64.33 米	米·克里沃诺索夫	苏联	1955.08.04	华沙
64.52 米	米·克里沃诺索夫	苏联	1955.09.19	贝尔格莱德
65.85 米	米·克里沃诺索夫	苏联	1956.04.25	纳尔奇克
66.38 米	米·克里沃诺索夫	苏联	1956.07.08	明斯克
67.32 米	米·克里沃诺索夫	苏联	1956.10.22	塔什干
68.54 米	哈罗德·康诺利	美国	1956.11.02	洛杉矶

世界纪录	创造者	国家（地区）	创造时间	地点
68.68米	哈罗德·康诺利	美国	1958.06.20	贝克斯菲尔德
70.33米	哈罗德·康诺利	美国	1960.08.12	沃尔纳特
70.67米	哈罗德·康诺利	美国	1962.07.21	帕洛阿尔托
71.06米	哈罗德·康诺利	美国	1965.05.29	塞里斯
71.26米	哈罗德·康诺利	美国	1965.06.20	沃尔纳特
73.74米	久拉·日沃茨基	匈牙利	1965.09.04	德布勒森
73.76米	久拉·日沃茨基	匈牙利	1968.09.14	布达佩斯
74.52米	罗穆亚尔德·克里姆	苏联	1969.06.15	布达佩斯
74.68米	阿·邦达丘克	苏联	1969.09.20	雅典
75.48米	阿·邦达丘克	苏联	1969.10.12	罗夫诺
76.40米	瓦尔特·施密特	联邦德国	1971.09.04	拉尔
76.60米	赖·泰默尔	民主德国	1974.07.04	莱比锡
76.66米	阿·斯皮里多诺夫	苏联	1974.09.11	慕尼黑
76.70米	汉斯·里姆	联邦德国	1975.05.19	雷林根
77.56米	汉斯·里姆	联邦德国	1975.05.19	雷林根
78.50米	汉斯·里姆	联邦德国	1975.05.19	雷林根
79.30米	瓦尔特·施密特	联邦德国	1975.08.14	美因河畔法兰克福
80.14米	鲍·扎伊丘克	苏联	1978.07.09	莫斯科
80.32米	汉斯·里姆	联邦德国	1978.08.06	海登海姆
80.38米	尤里·谢迪赫	苏联	1980.05.16	列谢利泽
80.46米	尤里·塔姆	苏联	1980.05.16	列谢利泽
80.64米	尤里·谢迪赫	苏联	1980.05.16	列谢利泽
81.66米	谢尔盖·利特维诺夫	苏联	1980.05.24	索契
80.80米	尤里·谢迪赫	苏联	1980.07.31	莫斯科
83.98米	谢尔盖·利特维诺夫	苏联	1982.06.04	莫斯科
84.14米	谢尔盖·利特维诺夫	苏联	1983.06.21	莫斯科
86.54米	尤里·谢迪赫	苏联	1984.07.03	科克
86.66米	尤里·谢迪赫	苏联	1986.06.02	塔林
86.74米	尤里·谢迪赫	苏联	1986.08.30	斯图加特

注："链球之王"谢迪赫1986年创造的世界纪录迄今无人打破。

女子链球世界纪录

世界纪录	创造者	国家（地区）	创造时间
73.14 米	梅林特	罗马尼亚	1998.07.16
75.97 米	梅林特	罗马尼亚	1999.05.13
76.07 米	梅林特	罗马尼亚	1999.08.29
77.06 米	莱森科	俄罗斯	2005.07.15
77.26 米	卡纳法耶娃	俄罗斯	2006.06.12
77.41 米	莱森科	俄罗斯	2006.06.24
77.80 米	莱森科	俄罗斯	2006.08.15
77.96 米	弗洛达奇兹克	波兰	2009.08.22
78.30 米	弗洛达奇兹克	波兰	2010.06.06
79.42 米	海德勒	德国	2011.05.21

注：从 1998 年开始女子链球被正式列为奥运会比赛项目。

标枪运动的历史档案

男子标枪世界纪录（旧规格枪）

成绩（米）	姓名	国名	时间
（第 1 个 40 米） 40.38	A. 林托布拉道	瑞典	1892.05.22
（第 1 个 50 米） 50.44	E. 莱明古	瑞典	1902
（第 1 个 60 米） 60.64	M. K. 考巴奇斯	匈牙利	1911.10.22

续表

成绩（米）	姓名	国名	时间
（国际田联设立之后） 62. 32	E. 莱明古	瑞典	1912. 09. 29
63. 29	J. 米拉	芬兰	1914. 07. 05
64. 81	J. 米拉	芬兰	1915. 07. 18
65. 55	J. 米拉	芬兰	1919. 07. 13
66. 10	J. 米拉	芬兰	1919. 08. 25
66. 62	G. 林德斯特勒姆	瑞典	1924. 10. 12
67. 31	G. 林德斯特勒姆	瑞典	1925. 09. 20
68. 55	J. 米拉	芬兰	1925. 09. 27
69. 88	E. 彭蒂拉	芬兰	1927. 10. 08
71. 01	E. 伦德克维斯特	瑞典	1928. 08. 15
72. 38	M. 雅尔维宁	芬兰	1930. 07. 28
72. 93	M. 雅尔维宁	芬兰	1930. 09. 14
74. 02	M. 雅尔维宁	芬兰	1932. 06. 27
74. 28	M. 雅尔维宁	芬兰	1933. 05. 25
74. 61	M. 雅尔维宁	芬兰	1933. 06. 07
76. 10	M. 雅尔维宁	芬兰	1933. 06. 15
76. 66	M. 雅尔维宁	芬兰	1934. 09. 07
77. 23	M. 雅尔维宁	芬兰	1936. 06. 18
77. 87	尼卡宁	芬兰	1938. 08. 25
78. 70	尼卡宁	芬兰	1938. 10. 16
80. 41	赫尔德	美国	1953. 08. 08
81. 29	米拉	美国	1954. 08. 21
81. 29	赫尔德	美国	1955. 05. 21
81. 75	赫尔德	美国	1955. 05. 21
83. 56	Y. 尼卡宁	芬兰	1956. 06. 24
83. 66	J. 西德洛	波兰	1956. 06. 30
85. 71	E. 丹尼尔森	挪威	1956. 11. 26

续表

成绩（米）	姓名	国名	时间
86.04	A. 坎特洛	美国	1959.06.05
86.74	C. 列沃雷	意大利	1961.06.01
87.12	T. 佩德森	挪威	1964.07.01
91.72	T. 佩德森	挪威	1964.09.02
91.98	J. 鲁西斯	苏联	1968.06.23
92.70	J. 金努宁	芬兰	1969.06.18
93.80	J. 鲁西斯	苏联	1972.07.06
94.08	K. 沃尔夫曼	联邦德国	1973.05.05
94.58	M. 内迈待	匈牙利	1980.07.26
96.72	F. 帕拉吉	匈牙利	1980.04.23
99.72	T. 皮特拉诺夫	美国	1983.05.15
104.80	U. 霍恩	民主德国	1984.07.20

注：霍恩1984年用旧规格枪创造的104.80米世界纪录被称为一个"永久性的世界纪录"。

男子标枪世界纪录（新规格枪）

世界纪录（米）	姓　名	年月日
81.72	R. 弗拉道斯特库（美国）	1986.05.03
81.72	S. 拉迪（芬兰）	1986.05.11
82.24	K. 库凡鲁玛亚（联邦德国）	1986.06.07
83.68	V. 耶夫修考夫（苏联）	1986.06.08
85.38	T. 别道拉诺夫（美国）	1986.07.07
85.74	K. 库凡鲁玛亚（联邦德国）	1986.09.21
87.66	J. 泽列兹尼（捷克）	1987.05.31
89.10	P. 柏迪（瑞典）	1990.03.24
89.58	S. 巴克利（英国）	1990.07.02
▲89.66	J. 泽列兹尼（捷克）	1990.07.14
▲90.98	S. 巴克利（英国）	1990.07.20

续表

世界纪录（米）	姓　名	年月日
▲91.98	S. 拉迪（芬兰）	1991.05.06
▲96.96	S. 拉迪（芬兰）	1991.06.02
91.46	S. 巴克利（英国）	1992.01.25
▲94.74	J. 泽列兹尼（捷克）	1992.07.04
95.54	J. 泽列兹尼（捷克）	1993.04.06
98.48	J. 泽列兹尼（捷克）	1996.05.25

注：1990 – 1991 年的新纪录由于旧规格枪的禁用而不被承认，只有巴克利 89.58 米的成绩得到承认。1992 年泽列兹尼创造的新纪录由于使用新型制作的标枪而被取消。后来他又在 1996 年用新规格枪创造了 98.48 的新世界纪录，迄今无人打破。

女子标枪世界纪录（旧规格枪）

成绩（米）	姓名	国名	时间
46.74	N. 金德尔	美国	1932.06.18
47.24	A. 施太因豪尔	德国	1942.06.21
48.21	H. 鲍玛	奥地利	1947.06.29
48.63	H. 鲍玛	奥地利	1948.09.12
49.59	N. 斯米尔尼茨卡亚	苏联	1949.07.25
53.41	N. 斯米尔尼茨卡亚	苏联	1949.08.05
53.56	N. 科尼亚耶娃	苏联	1954.02.05
55.11	N. 科尼亚耶娃	苏联	1954.05.22
55.48	N. 科尼亚耶娃	苏联	1954.08.06
55.73	D. 扎托普科娃	捷克	1958.06.01
57.40	A. 帕泽拉	澳大利亚	1958.07.24
57.49	B. 佐洛盖季捷	苏联	1958.10.30
57.92	E. 奥佐琳娜	苏联	1960.05.03
59.55	E. 奥佐琳娜	苏联	1963.06.04
59.78	E. 奥佐琳娜	苏联	1963.07.03

续表

成绩（米）	姓名	国名	时间
61.38	E. 奥佐琳娜	苏联	1964.08.27
62.40	Y. 戈尔恰科娃	苏联	1964.10.16
62.70	E. 格雷泽茨卡	苏联	1972.06.11
65.06	R. 富克斯	民主德国	1972.06.11
66.10	R. 富克斯	民主德国	1973.09.07
67.22	R. 富克斯	民主德国	1974.09.03
69.12	R. 富克斯	民主德国	1976.07.10
69.32	K. 施密特	美国	1977.09.11
69.52	R. 富克斯	民主德国	1979.06.13
69.96	R. 富克斯	民主德国	1980.04.28
70.08	T. 比留琳娜	苏联	1980.07.12
71.88	A. 托多洛娃	保加利亚	1981.08.15
72.40	I. 莎拉克	苏兰	1982.07.29
74.20	S. 萨科拉法	希腊	1982.09.26
74.76	I. 莉拉克	苏兰	1983.06.13
75.26	P. 费尔克	民主德国	1985.06.04
75.40	P. 费尔克	民主德国	1986.08.28
77.44	F. 惠特布莱德	英国	1986.08.28
78.90	P. 费尔克	民主德国	1987.07.29
80.00	P. 费尔克	民主德国	1989.09.09

女子标枪世界纪录（新规格枪）

成绩（米）	姓名	国名	时间
71.54	梅嫩德兹	古巴	2001.07.01
71.70	梅嫩德兹	古巴	2005.08.14
72.28	斯波塔科娃	捷克	2008.09.13